U0069374

23歲的夏天
北歐‧格陵蘭

楊捷/著

目錄

爲什麼選擇格陵蘭？

　　選擇格陵蘭，其實要從童年時期開始說起。當我小學一、二年級時，媽媽送我那本藍色封面的世界地圖集，這本地圖集也就因此進入了我的生命，它帶我認識了不同大洲的文化、族群和氣候，還向我展示了各種世界之最。而當中有一項讓我印象很深：格陵蘭──世界上最大的島嶼。雖然當時小時候的我對出國旅行並沒有強烈的渴望，但這個名字卻在我心中占據了一席之地。卽使我完全不知道格陵蘭到底是什麼模樣，卻能在心中感受到它與我之間的神祕連結。

　　直到有一天，透過網路影音平台的神奇演算法，我點擊了一支關於格陵蘭的影片，其中主角在影片中分享了他選擇前往格陵蘭的理由，令我驚訝的是，這與我選擇的原因有著微妙的相似之處，讓我更加確信，我們每個人心中其實都藏著一本藏寶圖，而格陵蘭正好同時向我們發送了遠方邀請。從那刻起，格陵蘭在我心中不再只是世界上最大的島嶼，而是一個閃耀著寶藏般光芒的地方。我內心深處的格陵蘭，已清晰的展現，儘管它遙不可及，我卻能明確的感受到它的存在。

　　當時，我第一次意識到，格陵蘭不只是存在於我的想像中，它是眞實存在的世界。這些想法一度只像短暫的閃光，來去匆匆。然而，我沒有馬上做出決定，因爲其中一個最重要的原因是金錢考量，要前往格陵蘭只能選擇格陵蘭航空或冰島航空，價格都非常可觀，對我而言，格陵蘭航空更方便且提供更多的航班選擇。從丹麥到格陵蘭的來回費用已經可以再負擔一趟臺灣飛歐洲

的來回機票。

我後續觀看了許多相關影片，思考了多日，細細考慮各種因素，心中始終浮現著那個畫面。最終，我下定決心，既然這三個字已在我心中存在許久，為何不親眼目睹它的真實模樣呢？於是，那天回家，我對爸爸說：「我想去格陵蘭。」

起初，他對格陵蘭抱持著冷冰冰的印象，擔憂著安全問題，不願讓我獨自前往。所以最終做出決定之前，我投入大量的心力做功課，包括瞭解當地的氣候條件和閱讀相關文章。約莫三天後，爸爸突然表示若我真的很想很想去，他會陪伴我一同踏上這段旅程。就在我的情緒還未能完全整理之際，這段存在心中已久的旅途，已經悄悄開始。

我深深感受到自己是世界上最幸福的孩子，因為我得到了無數的支持。在這段由無到有的過程中，我有時甚至能夠毫不猶豫的做出決定，這一切都歸功於我的父母。他們為我帶來了無盡的幸福，我無法以言語表達我對他們的感激之情。

當我看見格陵蘭，這片遙遠而神祕的土地，宛如童年時翻閱的世界地圖，蘊藏著無窮的奧祕。這不僅僅是一個存在於心中的地方，它在夢中閃爍著，引領我朝向未知的方向。

在格陵蘭的探索之旅中，我們目睹了麝牛優雅的身影，在苔原和山谷間穿梭。與鯨魚相遇的那刻，大自然彷彿在呼喚我們聆聽它的祕密。那是一種無聲的對話，彷彿宇宙中柔和的吟唱，使我們感受到生命的神聖和智慧。

更令我們感動的是，我們有幸在 Eqi 冰川度過一個夜晚。這片冰川宛如沉睡的巨人，承載著千年的故事。我們凝視著這壯麗的冰原，彷彿能聽見冰川的呼吸聲，感受到它與時間同流的氣息。那一夜，我們與自然合為一體，置身於夢境之中。

格陵蘭的美麗與奧祕不僅體現在風景之中，也溢於每個角落和當地居民的眼神之中。他們以堅韌的生活方式在極地土地上生活，用獨特的文化和傳統表達對這片土地的深深愛戀和尊重。他們是這片土地的創造者也是守護者，與大自然和諧共處，他們的存在爲我們提供了對生命的觸動和靈感。

　　當離開格陵蘭時，我們心中充滿了感激和感動。這次旅程對我來說是一次冒險，更是一首對自我的追尋和對自然之美的讚歌。在那遙遠的土地上，我們找到了心靈的歸屬，與自然達成了一種契約，一種無聲的默契。

　　格陵蘭是我們共同的遠方，它展現了大自然的偉大與感性，喚起了我們內心的共鳴。它是地球奇蹟的見證，也是我們內在世界的一部分。在那裡，我們重新發現了自己，找到了對生命的無限熱愛和敬畏。

我所看見的世界——教育

　　北歐，這片神祕而迷人的土地，承載著著名的教育哲學，深深的觸動了我的心靈。當飛機踏上北歐的土地，無比的興奮湧上心頭，我沉浸在街道景色的美麗之中，直到安頓下來，我迫不及待的前往超市購買所需物品，使我們有更多的時間去揭開這片土地的神祕面紗。

　　抵達丹麥不久，我心裡默默的說了一句話：「原來我所愛的教育來自北歐！」不久之後，我發現我媽媽所給予我的教育正是北歐式的。這種教育鼓勵孩子盡情的遊戲和探索，即使犯錯也能從中學習，而不是大人事先制定一堆不能這樣不能那樣的規則。長大後，有些「大人」問我為什麼總能知道自己該做什麼，這個問題其實讓我感到尷尬，好像在長輩面前發表演說一樣，但畢竟我已經是一個二十出頭的研究生，還是該知道如何表達出自己的想法。我想這可能與我從小接受的教育模式有很大關係！這與各個國家和家庭的特色有關，並不存在什麼好壞之分，但在北歐，當我看到他們的校舍設計、教育方式以及與孩子相處的方式，我找到了共鳴。

　　讓我先分享幾個令我印象深刻的事件：

　　1. 在從芬蘭前往瑞典的郵輪上，我們選擇了自助晚餐。餐廳裡的座位都是長條形的，由 6 到 10 人的長桌組成，一直延伸到餐廳盡頭。我們隔壁桌坐著一個家庭，他們有兩個孩子，看起來大概是小學二、三年級的年紀。小男孩一開始就拿了一大盤壽司，手中還拿著免洗筷。他以一副吃貨的口吻對他爸爸說：「我認為吃

壽司應該要用筷子！」他爸爸只是回應說：「聽起來很棒。」孩子其實不太會使用筷子，所以壽司飯和魚蝦被弄得亂七八糟，桌子上可以找到一些掉落的米粒。過了一會，他爸爸請孩子轉頭看看我們用筷子吃飯的方式，告訴他：「嘿！我想那才是筷子的正確使用方式，你看看！」（事實上，我們也是不習慣使用刀叉）他們讓孩子自己去嘗試，而不是直接給出答案。接著，他們的女兒也拿了一大碗食物回來，當她坐下來時，爸爸媽媽專注的看著她的碗，她裝了整碗的冰淇淋，並撒上一些巧克力和麥片。從外觀上看，確實有些過分。在這種情況下，通常我會預料到一連串的批評，像是：「怎麼能只吃冰淇淋？」「怎麼可以不吃正餐？」然而，他們的父母細心觀察了幾秒鐘，對孩子說：「哇！你真酷！」這是我在北歐第一次體驗到不同的教育方式。

2. 抵達瑞典後，我們正準備前往市區的地鐵站。兩個學齡前的孩子各自拉著一個行李箱，跟隨著父母的腳步，穿越車水馬龍的街道，過馬路時，父母緊握著孩子的手，確保他們的安全。在人行道上，他們必須學會自己負責自己的安全，還要扛著行李箱的負擔。我一直在觀察身邊發生的一切，這些無微不至的細節，所以我跟在他們一家人後面。在一個斜坡上，其中一個孩子的行李箱不小心滑落了，她需要花更多的力氣才能把它撿回來，即使大人走兩步就能把行李箱重新交給孩子，但他們只是轉頭對孩子說：「沒關係，撿起來就好，注意安全。」我當時難以形容內心的感受，只能默默的發出一聲驚嘆。

3. 在我們前往挪威之前，我們隨意找了一家當地的漢堡店，打算快速解決晚餐。然而，這家漢堡店排起了長龍。在等待點餐的時間裡，我站在內用桌旁等候，觀察著人們一個接一個的排隊點餐，然後忙碌的來回穿梭。旁邊一個小孩，還坐在兒童座椅

上，她正大口吃著薯條，配上整杯的番茄醬。杯子的大小足以遮蓋她臉的三分之一，她將整個臉埋進杯子裡，盡情享受著酸甜的滋味，嘴巴周圍沾滿了番茄醬，她快樂的享受著食物。爸爸起身去自助吧台拿紙巾，但他竟然將紙巾遞給孩子，孩子毫不猶豫的接過紙巾，自己擦拭嘴巴，甚至連桌子都擦乾淨。我很難想像這個孩子坐在兒童座椅上竟然如此有責任感。

　　這些難以忘懷的經歷，為我帶來了深刻的觸動。我認為這也許是一種教育的奇蹟，它啟迪著我的心靈，讓我明白教育可以是一種溫暖的引導，一種開放的思維，一種對孩子獨特需求的關愛。在北歐，我看到了教育的希望，它不僅是一種教導知識的手段，更是一種塑造未來的力量。我由衷相信，這種教育模式能夠改變世界，讓每個孩子都能發現自己的獨特之處，實現自己的夢想。北歐教育，在我心中閃耀著希望的明燈，激勵著我繼續追求更美好的教育未來。

我所看見的世界——氣候變遷

　　氣候變遷，如同不可撤回的序曲，開始演奏著深沉的旋律，並在格陵蘭這片受命運考驗的土地上展開它壯美而壯烈的篇章。備受期待的冬季漫雪逐漸減少，寒冷的極地之王開始換上了脆弱的外衣，潔白的覆蓋逐漸被熱情的氛圍所侵蝕。這世界上最大的島嶼，正站在歷史的十字路口，面對著人類行為帶來的考驗。

　　聆聽著格陵蘭的居民述說，氣候變遷是一個肉眼可見的挑戰，對他們而言，這場挑戰與我們的想像或許截然不同。我們提及「氣候變遷」時，腦海中所映照的景象或許自有其矚目之處，然而在格陵蘭居民的眼中，氣候變遷是一個威脅，不是轉機。

　　儘管他們時刻見證著氣候變遷所帶來的變化，但這些變化並非全然不利，也許隨著氣候的變暖，島上的農作物豐收良多；同樣的，憑藉著持續升溫的氣候，逐漸蛻變成為宜居且繁榮的城市，也許能吸引更多商機。

　　在格陵蘭的土地上，冰河退縮的速度遠超過過去的任何一個時刻，冰川悄然溶解，宛如一幅戲劇性的創作，展現出絢麗與蕭瑟並行的畫面。搖搖欲墜的冰山將巨大的痛苦灌注在這片古老土地的心靈深處，孤獨而壯麗的極地生態系統維持著脆弱的平衡，卻在人類不斷燃燒生態下，面臨著難以逆轉的劫難。當格陵蘭居民走過冰河消失的遺跡，唯有他們才能深深體會這個變遷所帶來的淒涼與無奈。

　　溫暖的懷抱讓冰雪越來越脆弱不堪，讓寒冷的氣息逐漸失去原本的輝煌。茫茫冰原上，瘦弱的北極熊孤立無援的尋找屬於牠

們的家園。極地的獨有生態如珍貴的寶石，在日益暖化的氣候下銷聲匿跡，寒冷的氣息變得遙遠，難以捉摸的生態平衡轉瞬間瓦解。格陵蘭的居民感受到氣候變遷帶來的負面影響，深刻明白著，這是一場迫在眉睫的生死博弈。

　　然而，儘管氣候變遷所帶來的負面影響不容忽視，格陵蘭的居民並未灰心喪志。過度開採自然資源，排放大量溫室氣體，導致了氣候變遷的加劇。這樣的自我省思，激勵著他們採取積極的行動，投入到永續發展的努力中。這場變遷，彷彿是一道警鐘，提醒著全球人類必須團結起來，共同面對氣候變遷的挑戰。

　　在這一幕幕淒美的變革中，格陵蘭居民堅毅的奮戰著，尋找著可持續發展的道路。他們深信著，這片土地是所有生靈的寶藏，是將希望傳承下去的聖地。在逆風的吹襲下，他們不願低頭，而是以堅韌的意志投入到永續發展的奮鬥之中。保護地球的奇蹟是我們共同的責任，每一個人都是這首曲目中不可或缺的一個音符。

　　儘管氣候變遷帶來無盡的挑戰，但也伴隨著無窮的機遇。格陵蘭居民堅信，逆境中孕育著轉機，正是這片土地的生生不息。他們用樂觀與創意演奏著和諧的樂章，在這個充滿挑戰的時代，發掘出新的可能性。對於氣候變遷的挑戰，他們不逃避，而是積極應對，用力量和希望去改變命運。

　　一起用愛和智慧的筆觸書寫未來。氣候變遷，讓我們感受到這份來自地球的呼喚，以真摯的心靈回應這場變革。讓我們將希望與行動相融，以勇敢和堅毅保護這片賜予我們的土地。在格陵蘭感受到氣候變遷的種種跡象，這一切引發了我深刻的反思，我們必須共同努力，攜手創造永續與和諧的美好未來。

我看見的世界——安全

　　在北歐的大地上，我看見一種有獨特魅力的生活方式，所謂「安全自負」，一切源自於與大自然的契合和尊重。在這片寧靜而莊嚴的土地上，孩子們踏著自由的步伐，無拘無束的展翅飛翔。父母並不過度保護他們，而是給予他們自由嘗試的機會，學習接受挑戰的勇氣，並深知失敗亦是成長的一部分。

　　在這片與大自然共存的土地上，我們沒有看到高聳的圍牆，沒有冰冷的鋼筋混凝土，只有與大地相連的自然之美。我們直接與森林、湖泊和山脈接觸，感受大自然賜予的力量與脈動，這樣的親近，讓我們更加傾聽，更加體會到生命的智慧和自然的能量。

　　在北歐的大地上，我們挑戰大自然的鬼斧神工，只為更深刻的感受生命的奧祕。我們走過嶙峋的山徑，攀爬陡峭的岩壁，勇敢的探索無垠的山林。我們明白，這片美麗的土地是我們的課堂，每一處自然的景致，都是我們的課本。

　　這是一個讓我學會與世界共舞的地方，它教導我如何與除了自己以外的萬物和諧相處。在北歐的動物園裡，袋鼠們輕快的奔跑，只有腳踝高的低矮圍欄讓我們能輕而易舉的觸碰這些引人注目的生靈，然而，奇妙的是，這裡卻沒有人會主動打擾它們，這正是教育的真諦。

　　在這片神奇的土地上，我學會了尊重生命的本質，學會了與大自然的共振。北歐教育不僅是知識的傳授，更是情操的陶冶，它呼喚我們靜心聆聽，與動物們共享這片美好的天地。袋鼠們彷

佛在歡迎我們，那低矮的圍欄並不意味著隔閡，而是象徵著和諧。

在這裡，我學會了用愛與尊重來維繫與其他萬物間的聯繫。在這裡，我們學會了謙卑，學會了與大自然和諧共舞。當我們置身於這片壯麗的自然之中，我們感受到自己的渺小，感受到人類在宇宙中的微弱。這樣的感悟讓我們明白，安全並非只是外在的保護，更是內在的自負。我們需要尊重大自然的力量，謙虛面對它所帶來的一切，並學會運用自己的智慧去應對生活的曲折。

在北歐，我不斷追尋智慧的光芒，每一次與大自然的對話，都是心靈的昇華。我們體會到，學習從大自然中汲取智慧，才是真正的成長之路。我們珍視著與大自然的連結，這片土地給予我們自由成長的機會，使我們更加堅韌。

在北歐，我看見了一種追求智慧與自然和諧的安全自負，珍惜這份寶貴的體驗，成為我們走向未來的指南針。以感恩的心態，守護這片美麗大地，同時也守護著我們共同的家園——地球。當我們學會尊重大自然，尊重自己，我們便能在生命的旅途中展翅高飛，與這片壯麗的土地，心靈共鳴。

冒險的開端

　　今天是二〇二三年六月二十五日，在這個炎炎夏日裡，暖暖的陽光灑落龐大的玻璃建築，機場內熙來攘往，照耀著我們即將踏上一趟充滿期待的冒險。人們心中湧現著激動，渴望著重新握住那遠方的火炬。衣著各異的旅人拉著行李快步走過，興奮的小孩追逐嬉戲，隨著機場的喧囂，我們的期待與憧憬在這光影之間蔓延。在此，每一個步伐都在敘述一個故事，每一個眼神都是對未知的期冀。

　　我們懷抱著對未來的期待，踏上這充滿未知並充滿可能性的旅途。在機場的每一個角落，都響起了夢想的樂章，激發出我們內心深處對冒險、對探索的渴望。飛機的引擎聲此起彼落，背後是整排靜待登機的旅人。或許，這次的旅行不僅是所謂地圖上的移動，更是心靈上的啟程，是尋找自我的過程，是那份對生活熱情的延續。

　　傍晚我和爸爸來到機場，準備搭乘晚上十一時四十五分的班機。當我們踏入機場，到處都充滿了旅客的興奮交談聲，好比一場壯闊的大冒險即將展開。服務台前還有夫妻在確認蜜月行，一旁則是業務人員引領著旅行團集合。我和爸爸在這份熙攘之中選擇保持冷靜，因為我們深知，在這段特別的時光裡，要充分利用每分每秒，處理待辦事項，確保一切井然有序。

　　我們彼此協作，確保行囊中不缺少任何重要的物品，確保所有的文件和票券都妥善處理。在燈光映照下，我們在機場內穿梭，處處都是人群匆匆而過，各自背負著不同的期待和目標。這

個時刻，機場成了一個世界的交匯點，許許多多的人生故事在這裡交錯相遇。

當一架架飛機滑翔於寬廣的天際，我望向機場窗外，心中激動難以言表。這是我首次自己規劃旅行，也是第一次選擇阿聯酋航空作爲旅伴。爲了確保一路順利，我們早早作足了準備。

我們先在網上申請兌換了歐元，這是應對各種突發花費的最佳後援。手頭有了這筆準備金，我們便可暢然享受美食、購物、體驗當地文化，也算是對未知旅途的一份投資。出乎意料的是，現場領取速度飛快，我們甚至不需排隊等候。於是，辦完手續後，我們反倒面臨了比預期更漫長的等待時間。

在鄰近報到時間時，我們差一點錯過了第一時間報到櫃檯的排隊，果然，即使是在平靜的機場大廳，也不能有絲毫懈怠。好在及時發現，順利排在人龍前面完成報到。

然後就是嚴謹的安檢程序，我一直爲行李中的溜冰鞋擔心不已，生怕引發麻煩。果不其然，一位安全人員要我打開箱子仔細檢查。我心中後怕，生怕鞋子被扣下，影響整個行程。幸好在詳盡檢查後，我們終於通過了安檢關卡。

落座後，我望向窗外，天空由深藍轉爲黑暗，飛機像展翅的大鳥，在廣袤無垠的停機坪上等候。我不禁幻想起杜拜星羅棋布的高樓大廈，想像自己漫步在充滿異國風情的街道，品嚐道地美食，流連於璀璨夜景。雖然未知仍然存在，但我相信有了周全的準備，這趟旅程定會圓滿成功，並充滿驚喜與歡笑。

我們在機場內漫無目的地閒逛，想找個地方填飽肚子。走了一段長長的路程後，卻意外發現大部分餐廳已經關門歇業，只餘下些微波速食仍在供應。原來時間不知不覺已近午夜 11 點，我們只好儘速折返回登機口，在那裡解決了晚餐。

品嚐過簡單的餐點後，我不禁沉思起接下來的長途旅程，這是我第一次面對 8 個小時的長途飛行，心中難免又期待又忐忑。一方面，這將是我人生中的第一次體驗，希望能成爲日後難忘的回憶。另一方面，我也對未知的旅途保有一絲不安，不知道前方會有怎樣的驚喜在等待。

　　就在登機的那一刻，我試著將所有的不安和顧慮都拋諸腦後，只剩下對未知冒險的好奇和期待。我相信在飛向杜拜的旅途中，一定會體驗到更多令人難以忘懷的事物。或許會遇到有趣的同行者，發生搞笑的小插曲，看見美不勝收的日出雲海，也許……我甚至不敢想像會有怎樣精彩的事在等待發生。

　　旅途漫漫，我正準備就定位，迎接這段充滿驚喜與歡笑的冒險。

長途旅行的磨練

　　這一天的過程確實充滿了挑戰，幾乎全發生在機場和飛機上，這也是我們極地探險之旅的第二天。昨晚，我們在 23:35 分登上飛機，整個機艙彷彿被興奮的氛圍所籠罩。當我坐在位子上，透過小小的橢圓形窗口觀察著外頭的景色時，能看到空橋緩緩移動，以及其他各式各樣的飛機在機場跑道上起飛、降落。這一切景象都讓我感到無比新鮮興奮，尤其是看到許多自己從未見過的航空公司標誌，更讓我對未知的冒險充滿渴望。

　　然而，大約四個小時後，最初的興奮情緒漸漸消逝。飛機爬升到高空，外頭變得漆黑一片，我能看到的景色也逐漸消失，取而代之的是一片墨黑的宇宙。透過橢圓形的小窗口，我看到外面是深邃的夜空，散落著些許星星，就像一顆顆閃爍的鑽石。這種景色讓我覺得自己就像個飛向無垠太空的太空人，不過在這個封閉的鋼鐵空間裡，與外界的聯繫就只剩下了這片小小的窗口。

漸漸的，這種封閉與孤立的感覺開始令我感到些許不適，我渴望能站起身，伸展那些因長時間固定在狹小座椅上而開始發麻的雙腿肌肉。甚至在心中盤算著是否可以在狹窄的飛機通道上做些簡單的運動，好讓身體恢復活動性。這種被限制住行動的感覺就像身陷囹圄，我不禁開始感到些許焦躁。所幸，這時空服員終於開始派餐，"Miss Yang, this is your low fat meal."一位笑容可掬的空服員將餐盒遞給我，那瞬間我也感覺到心情得到些許舒緩。

　　我決定等爸爸的餐點也送到後，再與他一起慢慢享用。我希望能細細品嚐眼前的美食，不急著快速吞嚥，而是想盡情拉長這短暫的用餐時光。同時也為旅途中的自己留下更多有意義，不僅僅是發呆或打瞌睡，而是努力讓每一刻都活力充沛、精彩萬分。

　　在飛越大洋的漫漫長夜，這些小小的用餐時刻，就像旅途中的歇腳站，途中加油補給般，讓人重新振作前行的動力。

　　終於，我們抵達了杜拜，這是我們旅程中的第一個轉機點。在這三個空閒小時中，我深切體會到在旅途中，時間絕對是寶貴

的，不能任其溜走。於是，我毅然決定利用這段轉機空檔，在機場裡走動、探索，從一個航廈快速穿梭到另一個航廈。雖然轉機時間只有短短三小時，但對我來說無疑是對耐心和毅力的考驗，我不斷催眠自己，時間會流逝，絕不會停滯。

　　在朝著轉機門口走去的路上，我四處張望，欣賞著機場內五光十色的商店招牌，以及形形色色的人群。這也成為我逃離久坐的一種方式，不讓自己就這樣被束縛在狹小的候機室座椅上。

　　再次登上飛機時，我先是感到興奮，並期待著新一段的飛行旅程，很快的，疲憊感再次來襲。這一次，我毅然決定屈服於睡意的誘惑，允許自己暫時進入夢鄉。畢竟，我明白那是身體疲憊的明顯反映。於是，我相信只要能在飛機上盡情補眠，等再度甦醒之時，就能重新注滿力量，繼續我的極地之旅。

在夢裡，我彷彿飄浮在柔軟的雲朵上，四周一片靜謐，除了飛機的引擎聲外沒有任何聲音，也感覺不到時間的流逝。直到有人輕輕拍醒我，原來是爸爸有些擔憂的搖晃我的肩膀，他坦言自己已搖了許久，稍感驚慌，生怕我是不是身體出了什麼狀況，我連忙告訴他我只是睡得比較熟。抬眼一看，窗外景色已經不再相同，第二段飛行也即將落幕。充分睡眠過後的我，重新感到精神百倍和體力充沛，準備好繼續我的探險之旅。

中午時分，飛機終於抵達目的地──丹麥哥本哈根。

這也是我們旅程的第一個停留點，為了更貼近當地生活，這次我們選擇住進一位當地人 Christian 的家中。他的房子離地鐵站很近，交通十分便利，Christian 熱情的歡迎我們，並親自幫忙搬運行李進屋。他詳細介紹了家中設備的使用方式，讓我們一進門就感覺賓至如歸。

我也興沖沖的跑到附近的超市，買了一些口香糖和巧克力作爲零食。雖然這個國家一開始讓我感到些許陌生，但同時也因爲這種新鮮感而倍感刺激。

　　這注定是個難以忘懷的一天，不僅是我們極地探險旅程的第二天，更是正式開啟冒險之旅的重要一刻。雖然才剛啟程，但每一次的新體驗都讓我們變得更加堅強。儘管前方道路未知，千變萬化，但我十分期待也抱持著無比希望，盼望明天能帶來更多精彩的驚喜與挑戰。

北極新世界

　　今日，終於要實現我多年的夢想，踏上了神祕莫測的北極之旅，這趟北歐之行的最重要的目的地——格陵蘭。「格陵蘭」這個名詞，早已在我心中生根發芽許久。它彷彿一道遙不可及的奧祕，我時時刻刻渴望一探究竟，如今，這不再只是文字或想像，而是我眞眞切切所站立的土地。內心洶湧而出的激動之情，實在難以言喻。

　　淸晨，我們如往常般提早抵達哥本哈根機場。然而，報到託運的時間讓我們有些迷惘，原來這裡的航空公司都是在出發前的最後兩、三小時才開放櫃檯報到，和我們原本的認知有些不同。站在源源不絕的旅客中，透過人群間的縫隙觀看大螢幕的櫃檯資訊，再爭先恐後的奔向服務櫃檯，只爲了搶到好位置，我們就像參與什麼樂透開獎，充滿著興奮和刺激。

我們下一站的目的地是 Kangerlussuaq 機場，那是通往格陵蘭島最主要的樞紐，也因爲這裡氣候相對穩定，成爲格陵蘭航線的必經之地。相較之下，這兒並不是什麼大城市，絕大多數的旅客都是中轉至下一個目的地。格陵蘭雖然隸屬於丹麥的自治地，但與哥本哈根之間仍存在著四小時的時差，可知格陵蘭與丹麥相距甚遠。對我而言，這無疑是第一次眞正意義上，完全由自己策劃的「自由之旅」。在最後登機前的這段空檔，我們走進免稅商店大肆採購，興高采烈的拍照留念。

當飛機穿越格陵蘭上空時，從小小的橢圓窗往外一望，那壯闊的冰山和冰原風景令我嘆爲觀止。這種未曾見過的景色盪漾我的心房，讓我無比期待踏上這片新鮮土地的那刻。

Kangerlussuaq 的天空碧空如洗，這裡的夏日才剛到來。當雙腳站穩在這片冰封大地上，內心狂喜難抑，我終於踏上了神祕的北極，我打開手機地圖，那藍色的座標清清楚楚的顯示，我正身

處在這片遙不可及的新大陸。淚水忍不住充盈雙眼，我幾乎掩饞落淚。隨後，我走進機場大樓，裡頭彌漫著一股靜謐祥和的氣息，徹底洗滌我內心的興奮，我在心中忍不住感慨，能有此殊榮站在這裡，我該有多麼的幸運。

不久後，我驚訝的聽到熟悉的閩南語，前幾天生活中的英語考驗使我倍感疲憊，能再聽到這熟悉的話語，猶如親人的慰藉。我循聲望去，見一群臺灣人坐在候機大廳明亮的燈光下談笑，頓時一陣暖意湧上心頭。我第一眼就認出他們身著知名戶外風衣品牌，似乎是結伴自由行而來，這一幕讓我  不禁驚喜萬分。儘管我不擅長與陌生人交往，但內心卻渴望與他們打招呼，寒暄幾句話。直到登機前，我們終於開始聊天：「你們這趟是自由行嗎？」、「你們打算參加哪些行程和景點？」、「你們又打算去哪裡呢？」幾句簡單的閒聊，便讓我在這片冰雪皚皚的土地上找到了一絲人間煙火。我為與他們交流而感到慶幸，在短短十幾分鐘裡，我們已成為彼此旅程的一部分，最後還約定道：「臺灣見！」

當我們準備登機時，令我訝異的是這小小機場居然不需任何安檢程序，只要出示登機證就可順利通過，似乎在本地人眼中搭飛機就像搭公車般稀鬆平常。我們登上了一架螺旋槳小飛機，這特殊的交通工具不免使我有些緊張，飛行途中，窗外的浮冰漸漸增多，正覺得新奇之時，飛機卻猛然震盪起來，我不禁惴惴，生

怕是遇上亂流，心想這小巧的螺旋槳飛機能否平安渡過。幸好，亂流很快就過去了，我這才安心的欣賞窗外壯闊冰原風光。

當 Ilulissat 的小鎮入眼瞭，我不禁深深感受到自己已經踏上這片神奇大地的真實感，甚至在下機前，就對離開這裡起了依依不捨之情。我內心深處不斷冒出這些現實面，我知道時間到我就必須離開，但還是希望那一天遲些再來。

終於踏上這片冰雪皚皚的土地，我心知需要珍惜這短暫的旅程，免得錯過創造回憶的機會。我們第一天落腳 Nasiffik 地區 Ane 女士的家，位於一個不大的市郊區。不同於其他城市，格陵蘭的公共交通並不發達，我們只得依賴計程車，這也讓我們第一次切身體驗到北極的物價之高，不到 10 分鐘的車程就要近台幣 1000 元。

然而，這一天的奇遇和挑戰遠未結束。我們忽略了未能取得 Wi-Fi 的不便，致使我們完全無法聯絡房東或查詢入住須知。時間越來越晚，眼看我們只能拖著三個行李箱，踏上兩公里的征程前往市區購買格陵蘭專用 SIM 卡。道路崎嶇，還不斷經過上上下下的坡道，我和爸爸輪流拖行三個大箱子，艱辛至極。我們試著向路人求助，卻始終得到同樣的回答：步行兩公里才有商店。看來這就是我們要面對的現實。

幾乎要放棄希望時，命運終於眷顧了我們。附近的鄰居剛好回到家，我急忙上前，不怕尷尬的開口想借用 Wi-Fi，即使明知他們可能連網路也沒有。果不其然，鄰居提供不了 Wi-Fi，我發現在本地的居民生活裡網路並不算必需。正當我們感到徬徨之際，鄰居卻引導我們放心，並在網站上幫我們找到了房東的電話號碼。他們用流利的格陵蘭語替我們聯絡房東，成功幫我們度過了這緊張的一小時。

我們終於順利進入預定的房子，在鄰居和房東的幫助下避免了野外求生的窘境。這一連串的奇遇使我深深體會到旅途中的變

數和人情味，成為我難忘的格陵蘭記憶。

　　當我們踏上那棟色彩繽紛的小木屋時，一陣驚喜湧上心頭，原來這裡居然提供了免費的 WiFi，雖然訊號有些微弱，我們還是迫不及待拿出手機，興奮的報個平安。正當我打算發個動態時，忽然意識到，對格陵蘭的居民而言，通話遠比上網更為普遍。這或許是因為當地的網路流量價格不斐還有訊號不是太好，難怪WiFi 主要是針對外國遊客設置的，當地人還是習慣用電話聯絡。

　　我們匆匆放好行李，在那家唯一的通訊行關門前的最後一個小時趕到了市區。沒想到，這一趟並不是個輕鬆愜意的散步，蜿蜒崎嶇的碎石小道使我們兩公里的路程花了整整 30 分鐘才到達。在通訊行裡，櫃檯小姐笑著告訴我們六月的流量費用十分高昂，幫我們查了下，5GB 竟要價新台幣約 4000 元。建議我們等待七月的方案，到時再購買會比較划算，雖然沒有成功購置網路卡，但店員送給我們一張免費SIM 卡，讓我們能在格陵蘭使用電話，這一天依舊是充滿了新鮮刺激的探險樂趣。

傍晚時分，經過又一次漫長步行，我們終於抵達了 Brugseni 超市。一進門就被琳瑯滿目的商品吸引，櫥窗裡五花八門的巧克力，貨架上耀眼奪目的糖果罐，以及最重要的，那些我們渴望已久的新鮮食材。在超市逛了個遍過後，我們提著比手臂還長的法式長棍麵包，踏上返回住宿的歸途。

回到住所的路似乎比去程更加崎嶇，需要爬上陡峭的山壁和泥濘的斜坡。雙腿酸痛，我們都累得氣喘吁吁，但就是這顆可口的長棍使我們得到了救贖，抵達時，我們迫不及待撕開包裝，那清脆的口感，層次分明的麵包在口中化開，簡直就像甘露一般的美味，一陣心滿意足襲上心頭。

終於，在經歷了這麼多波折後，我們成功在格陵蘭「生存」的第一天，值得慶祝。憑藉超市裡買的豐富食材，我們得以在木屋裡大展身手，烹煮了一頓豐盛的晚餐，就在陽台外欣賞壯麗景色之餘，我也深深感受到這片極地的魅力，渴望多停留幾日。

最完美的生日禮物

　　六月二十八日，對我來說是個非常特別的日子，它標誌著我每一歲的新開始，這一天就是我的生日。當初安排行程時，我故意選在昨天抵達格陵蘭島，希望能藉此將這最美好的一個整天作為神祕探險之旅的起點。

　　剛踏上這片陌生土地，我們自然受到嚴重的時差影響。清晨三點，晨曦透過房間窗簾灑入，喚醒了熟睡中的我們。然而讓我們訝異的是，基於北極圈特有的極晝現象，三點的格陵蘭天空依然明亮如白晝，我一時無法相信，拿出手機的天氣看看日落時間，果然是"No sunset today"。我們趕緊跑到窗口一探究竟，映入眼簾的景色更是讓人嘆為觀止，漫天鋪滿灰色雲層橘黃色的曙光穿透，將整個世界披上夢幻的薄紗。

我如癡如醉，進入了飄渺奇幻的世界，手機和相機成了我捕捉這迷人景色的畫筆，我流連忘返，不知不覺已拍攝了不下兩個小時。時間在這片奇境中彷彿靜止，我沉浸在大自然魔幻般的美景中，內心洋溢著無比的喜悅和感動。

最後，我們決定從熱門的"Blue Trail"開始我們的格陵蘭之旅。小徑入口先通過一大片狗狗活動區，我們的視線立刻被一隻名為Boss 的壯碩雪橇犬吸引。好奇這隻動物是否真的像牠的名字一樣，主宰了整個活動區。離開狗狗區不遠便到達步道入口，一棟外形獨特的建築物立於路旁，神祕莫測的氣息讓它顯得高大而威嚴。儘管當天大門緊閉，但我們還是決心攀登上屋頂，開啟第一個小小的探險之旅，我們精心記錄下這富含紀念意義的一刻。

　　隨後，藍色小徑之旅正式展開。當我們漸行漸遠，逐漸遠離起點，接近冰峽灣時，才發現路上並無明顯道路，僅有藍色路標默默指引方向。融雪後的地形又崎嶇不平，我們的步伐輕盈穿梭於這片未曾有遊客涉足的夢幻之地。

　　這裡像個未知的荒野，散發著原始與荒涼的氣息，對我來說，這也是第一次體會到所謂的自我探險。這片未開發的荒原似乎已經與世隔絕許久，我的每一步都在試圖與大自然產生新鮮的連結。在這片寂靜祥和的土地上，我們短暫擺脫了城市的喧囂，融入大自然懷抱，內心重新感受到與生俱來的平靜。

當我們繼續沿著藍色小徑前行時，
每一步都像場冒險，地形愈發崎嶇，藍
點標誌成了我們唯一的指引，就像星辰
引導迷途的水手。在這未知的荒原，我
們學會倚靠直覺和智慧，這種自我探險
的體驗讓我們更堅強，也更敬畏大自然
的奧妙。

漫步於藍色小徑，我們不斷被左右聳立的冰山折服，這些冰山高聳入雲，是大自然的巨人，從遙遠的時空跨越而來，它們屹立於遼闊冰海之上，宣示著自己的存在。巍峨的冰山如同守護者，昭示著人類在大自然面前的渺小，它們的出現提醒我們，大自然擁有無與倫比的力量，與人類自身的脆弱形成鮮明對比。在這片奇境上，我們感受到大自然的壯闊與雄偉。

　　每一座冰山都是大自然的傑作，每一個細節都在反射陽光，閃爍出獨特的光芒。陽光灑落冰峽灣表面，宛如散落一地的寶石，折射出絢爛奪目的光彩，讓我們不禁屏住呼吸，為大自然的魅力所深深打動。這一刻，我不禁讚嘆大自然的奧妙，這也是我來到格陵蘭最期待的景色。

　　我們漫步在藍色小徑，每個轉角就像一個魔法藏寶盒，裡頭蘊藏大自然親手編織的驚奇。在這片未踏足的土地，我們彷彿走入奇幻的童話世界。那些高聳的冰山如同遠古神明的加持，巍峨的身軀屹立冰峽灣，景色壯闊震撼人心。我從未見過如此令人屏息的生動畫作，宛如活生生的自然之美。當我們仰望這些宛如宙斯神山，又似諸神的宮殿，內心不禁升起謙卑。

我們彷彿虔誠的信徒立在大自然的神壇前，不自覺的沐浴在大自然恩賜之中。如此壯闊的景緻，讓我們從塵囂的世界掙脫，成爲大自然的頌讚者。這是如詩如畫、充滿崇敬的時刻。

　　然而，這片偏僻的荒原並不可怕，反而讓我更珍惜這次的冒險之旅。大自然無比的力量深深打動了我，這將是我一輩子難忘的回憶。在大自然的奇景面前，我感受到生命的脆弱與偉大，時空彷彿凝結。這一切宛如虛幻，我不禁陶醉其中。

　　最後，我們滿載而歸。內心只有無限感恩，因爲我們親身見證了大自然的奧妙，這將是我心中永遠的一頁。

　　在那場壯闊的冰川健行結束後，我們滿載畫面與感動，漫步回住處的路上。我們順道在 Spar 超市爲自己挑選些美食，放鬆並回味此行的體驗。那裡的麵包種類繁多，精緻的外觀讓人食指大動。我們最終選了五個形狀可愛的麵包，搭配一條香脆的吐司，再加選兩盒營養的肉品和一盒香草巧克力脆皮冰棒。其中一股酥皮麵包捲的香氣撲鼻而來，或許是因爲我們才剛結束一段艱辛的

旅程，此刻的食物聞起來格外令人垂涎三尺，每一口都帶來無比的滿足。

　　我們此行幾乎沒有明確計畫，每天的行程都隨心而定。於是，下午成了我們純粹暢遊城市、享受美景的溫馨時光。

當陽光柔和的灑落身上，我決定用慢跑的方式遊覽這座城市，不
設路線，只隨興穿梭每個街區。我從市中心開始，探訪漁港，走
進古老的教堂，最後在海濱長廊閒步。夕陽在粼粼波光下緩緩落
幕，我注視黃昏餘暉灑落大海，內心充滿幸福，因為我是這世上
最幸運的旅者。

　　我幾乎走遍了這座城市的每條街道，每一步都留下了深刻的
印記。在整個格陵蘭之旅，這次城市漫步是最有意義、也最令我
難忘的體驗。這是一次與城市及自己和諧對話的旅程。

冰河的考驗

　　這是我人生中第一次的北極之旅，當規劃行程時，我決定安排在冰川下的小木屋中度過一夜，因為這個行程，整趟旅程都興奮起來，這將會是一生難忘的奇幻體驗。

　　此行我參加的是 World of Greenland 旅行社舉辦的北極探險之旅。他們的策劃非常完善細膩，特別安排我們前往那神祕而壯闊的 Eqi 冰川，更難得的是，我們將在冰川下蓋起的小木屋中渡過一整夜。

　　起初得知小木屋沒有自來水和電力設備，連如廁都需要步行前往不遠處的咖啡廳時，我難免有些害怕，擔心會因為長時間脫離現代文明而感到苦不堪言。然而，當我發現旅行社網站照片紀錄冰川巍峨崀嵩、氣勢磅礴的景象時，先前的不安瞬間煙消雲散。取而代之的是無比的期待，能有這樣難得的機會親密接觸大自然的壯美。

　　對我來說，整趟旅程猶如一場虔誠的試煉，遠離都市的喧囂，我們置身於寂靜無垠的冰原上，如同返回時空隧道，找回人類最原始的本質。沒有科技的干擾，也無虛擬世界的誘惑，我要學會細心聆聽大地與內心的聲音，相信這將是一趟極富意義的旅程。

　　我盡量沉浸在這片冰天雪地之中，聆聽大自然合奏出的樂章，凝視星光璀璨的北極景色。雖然我們在這裡的時間很短，但這段奇妙經歷將成為我記憶中永恆的一部分。這際遇自然的考驗，也是個難得的機會，讓我有幸重新與大自然建立連結，體驗

返璞歸真的純樸生活。

　　這趟探險之旅會讓我重新思考人生的真諦，發現大自然中心靈富足，在大自然懷抱中找到心靈的歸屬。我由衷感謝大自然賜予我這難得的精神饗宴，並對大自然的神聖之處產生更深刻的敬意。

　　清晨八點，我們登上公車前往"World Of Greenland"的集合點，雖然天空淅淅瀝瀝微雨細密，灰濛濛寒意彌漫，我卻一點都不覺得被受挫折，反而更加期待這次北極之旅。在前往集合點的路上，我們進了當地的 AKIKI 超市採購，除了正餐以外，我們需要準備一些零嘴和飲料以備不時之需。

　　轉眼間已經九點，我們穿上厚重的羽絨外套，寄放好行李箱，輕裝來到旅行社大門口，準備登上他們安排的交通車輛。即便語言不通，我們只能用講得磕磕絆絆的英文詢問工作人員行程詳情，但他們都非常友善有禮，一一與我們確認行程細節，讓我們放心上路。

旅程正式展開，我開始拿起手機記錄下每個值得紀念的時刻。雖然因為寒冷天氣而手指發麻，操作手機有些不太順暢，但我仍興高采烈、坐立難安，全程用鏡頭捕捉這令人激動的北極之旅。接駁車將我們送到碼頭，在 World of Greenland 工作人員的協助下，我們順利登上前往極地海域的船隻。

　　雖然沒有坐到靠窗的位置，但遊輪上層甲板的全景視野更為震撼壯闊，我們專注欣賞密布冰山的景色，分秒必爭的記錄下這一幕幕值得紀念的畫面。

　　隨著船駛向更北方的海域，氣溫驟降，刺骨的北極寒風讓我幾乎忘記自己是誰。於是我只得不斷穿梭於室內和露天甲板區，竟有種在三溫暖浴池裡反覆切換的錯覺。即使手指完全失去知覺，我仍然拚命操作手機和相機，試圖捕取最美的北極景色。然而，在如此極端的低溫下，連自動對焦功能都開始失靈，我只能盡力在手震和模糊畫質中，記錄下這一幕幕令人震撼的景致。

突然，有一個陌生聲音以急促的語氣傳達著某事，然而實際上，由於語言不通，我誤以為發生了某種緊急情況。不久後，我才了解到，這位幸運的旅伴發現了一群海中的龐然大物——鯨魚。釐清消息的我，急忙趨近船頭，終於目睹了這令人驚嘆的景象。不禁連連按下相機快門，捕捉這難得的時刻。更令人振奮的是，船長決定調整原定的航線，確保我們能充分享受這令人瞠目結舌的一幕。但無可否認，對於這北極生物，我的了解明顯不足。儘管拍攝了眾多照片，當初我還誤認它們為海豚，直到它們潛入海面以下，再次現身時甩動其長長鯨鰭，我才恍然大悟，自己竟有幸親眼目睹這珍貴的一刻。面對這突如其來的驚喜，我的心充滿了喜悅和感激。

　　在冰山和大海的環抱下，我們的船隻終於來到了那著名的 Eqi 冰川面前。寒風刺骨，我不禁打了個冷顫，心中卻無比激動。這座冰川高聳入雲，宛如一尊沉睡的冰雕巨人，使人無法不感受到其虔敬和肅穆。

　　我們站在船頂，身臨壯觀之境，船艦引擎的低沉轟鳴似大地回聲，同行夥伴的交談聲不絕於耳，我的內心如平靜的湖水。我感受到了人類的渺小，在自然的崇高與雄偉面前，我們的存在變得微不足道，這一刻，我領悟到大自然才是這世界的主宰，我們都只是沐浴其恩賜的幸運兒。

　　我們品嚐著船上供應的午餐，清爽的生菜和滑順的馬鈴薯泥，搭配著扎實的牛肉球，同時也享受著與大自然對話的時光。這個特別的時刻難以用言語或文字捕捉，因為它已經超越了語言的界限，只能在每個人的內在世界裡靜思細品，深刻感知這無法言喻的連結。我感覺自己就像極地的冰雪，在大自然萬物萬馬奔騰的環抱下融化，那種與生命之源重新連結的靈犀，使我對這顆藍色星球的敬仰之情更加深刻而永恆。

　　然而，與冰川如此親近的時光總是悄然消逝，我絲毫不想離去，這正是我們選擇過夜的原因。遊輪緩緩駛向一座陡峭的山壁，我們終於來到了夜宿的小木屋，遠處可依稀望見前方登上山壁的階梯，和正在整裝待發準備登岸的探險家們。經過前幾日的訓練，這樣的荒野地形對我們已不再陌生。我們有條不紊的離船

登岸，腳下踩著岩壁，小心翼翼走向木屋前。這時，另一批探險隊的成員也站在岸邊列隊等候登船，他們將利用我們剛離開的船艙，返回起點。就像是一首優雅的交錯圓舞曲，那樣的順暢與和諧。

　　隨後，我們被引領至船上的咖啡廳，並指引各自的住宿房間，同時，他們也耐心的講解島上的歷史和重要事項。這個完美流暢的流程不僅彰顯了卓越的組織才華，更帶來一份深刻的期待感，讓我們心靈感受到深切的溫暖，以及對此地濃烈的愛。這一切為我們締造了難以言喻的體驗，喚起我們內心最深處的情感，使我們對自然的神奇充滿著敬畏和感激。如詩如夢，如夢似幻，令人心馳神往。

　　當我們入住小木屋 10 號房時，房間內依舊寒冷刺骨。我迅速翻閱暖爐使用說明書，打開瓦斯，讓炙熱的火焰誕生，好讓這溫暖的火光趕緊溫暖我們的小屋。房內暖氣劃過，舒適感頓增，我方才舒展筋骨，滿足的長聲嘆息。就在我們帶著期待整理行囊之時，卻發現驚人數量的蚊子在房間飛舞，原來，寒冷的北極天氣並未完全趕跑這些昆蟲。我們奮力驅趕血腥的小妖精，可牠們仍不輕言放棄這美味的大餐。最後我們索性拿起電蚊拍，與不速之客玩起隔間追逐遊戲。當蚊蟲的聲音漸弱，我們恢復精神，興奮的換上輕便的健行裝備，準備探索冰天壤的美景。

　　我們選擇了行程中著名的「The Lake」路線,從咖啡館後方的小徑,直直朝遙望不見頭的山壁攀登。穿越苔原與溪流的半小時許後,便抵達這冰雪奇境。那湖面寬闊,紅與天光映照得煞是晶瑩剔透。濕冷的空氣令人神清氣爽,我大快朵頤吸入極地的清新。天光倒映眼前美景,我的心頭也歡欣鼓舞。

　　我在歸途中,竟不慎滑落坡道,直接摔入路旁的山澗之中,

水流湍急，迅速灌滿我的鞋襪，水溫低得彷彿千針刺骨。我慌忙爬上岸，卻無法阻止水流漫過腳踝。我狼狽不堪，只能忍著凜冽寒意，小心翼翼的回到木屋。並立即更換乾燥衣物，這突如其來的悲劇，將我嚇得大汗淋灕。

至於晚餐，我們相當吃力的面對各種靚麗的新鮮海鮮與狩獵肉品。我雖然參與料理過許多特色動物，但乍見馴鹿肉與奇異海鮮，用餐仍有些不習慣。沒想到這冒險者

的晚餐會如此驚豔，餐後我們各自消化著不熟悉的新食物，為波折但美好的一天劃下句點。

這片冰天雪地，遠離塵囂，卻隱藏著無限驚奇，我們歷經艱辛才抵達，在初抵時分為壯闊景色倒抽一口氣。我們屏息以對，在寂靜無聲的天地間，感受到自然的神聖莊嚴。我也在這片雪原上跌落冰河，體驗到大自然的威力。然而每次意外之後，都有更壯闊的景色在前方等待。當我們攀上冰峰，眺望遠方，那片跨天際的藍白交織，深深烙印在我們心中。我似乎找到了內心的寧靜，在這片原始荒野中遙望人類文明，感受到自己的渺小。

今日落幕之時，我依依不捨。我知道，記憶會褪色，但這片天地給我的震撼與感動，將長存心田。在這幽靜之境，我們再次領略人類文明之外的另一個世界，感受那份淡泊名利、與大自然合一的超然。我期待著那光景，期待再次並肩遠眺，在冰天雪地中尋回生命的根源。

愛的危機與希望

　　當晨曦破曉，我與爸爸早早在壯闊冰河的陪伴下醒來，準備踏上一場令人振奮的徒步之旅。我們依據時間距離毫不猶豫的選擇 "The Delta" 這條路線。踏出 10 號小屋的那一刻，大自然的奧祕之美便深深吸引了我們，使我們瞠目結舌，這個地方的景色之壯麗實在讓人著迷不已。

　　我不由自主的陶醉於這遼闊無垠的景致之中，渴望捕捉這些令人屏息的瞬間，希望能透過鏡頭永久保存這份感動。這使我忘記了身邊的爸爸，我的眼睛、我的心靈都完全沉浸在這無與倫比的自然奇觀中。當我完成拍攝數張照片，轉身希望與爸爸一同繼續旅程時，我驀然發現他的身影已逐漸遠離我，踏上了一條非規劃的山脊之路。在那一刻，一種渴望探索的心靈連結貫穿我們之間，儘管那並非我們預計的目的地，且在地理位置上相距遙遠，但我們的靈魂卻同樣飛翔在這一大片自然奇觀的美麗中。

當時，我誤以為他也許只是因為等候我的拍攝而決定先探索另一條小徑，所以我並未在第一時間呼喚，而是選擇在原地等待片刻。這段短暫的等待讓我有機會細細品味這片冰川與土地的靜謐之美，感受冷風拂過臉龐的刺激感，以及山谷演奏的和諧音符。我靜靜的站在那裡，任由大自然的美景餵養我的雙眼和靈魂。那一刻，我感到前所未有的寧靜與滿足。

然而許久後，他的身影遲遲未現，我的情緒逐漸變得焦慮。我開始感到擔心，想像著各種可能性，無論是他迷路還是遭遇了困難。這種無助的情感彷彿在山谷中產生回聲，將我們相隔的距離和不確定性映照出來，使我深刻體會到了家人之間的連結，有時不能僅是言語，而是植根於關心和牽掛。

我決定沿著他離開的方向踏上未知的山徑，希望能盡快找到他。那條小路彎彎曲曲的，兩旁生長著蒼綠色的矮小松樹。我一

邊向遠方尋找爸爸的身影，一邊小心翼翼的注意腳下略爲泥濘的道路。

我無法克制內心的焦慮，哭泣聲不自覺在山谷中迴蕩，多次呼喊爸爸的名字，嘴唇顫抖的聲音在靜謐的山谷裡聽著格外刺耳。我差點走向咖啡廳，請求當地人員的幫助，希望他們能提供一些線索或建議，讓我盡快找到父親。可是，我一度忘記，我們早在昨日初次踏上這個特別的住宿時，工作人員曾告訴我們，這裡處於偏遠地區，沒有信號，更別說 Wi-Fi 了。

在這個遙遠像被世界忘記的角落，我們與現代通訊科技被迫狠狠隔絕開來。這個土地的自然之美確實是如此令人著迷，卻同時也揭示了我們對於虛擬世界的依賴。在這裡，唯一可通信的方式是衛星電話，通常用於緊急求助聯繫直升機，以應對突發情況。這個瞬間，我覺得自己陷入絕境，感到非常焦慮，再加之語言方面的障礙，只會讓事情變得愈發複雜。

值得慶幸的是，準備折回尋求幫助時，父親正好從山腳下的其他路徑返回。我忍不住生氣責問，「你難道沒有聽到我叫你嗎？」雖然我說服自己願意接受一切已安然無恙的現狀，不過內心的怒火卻難以壓抑。回到房間後，我的眼淚情難自禁的奪眶而出，內心的緊張情緒不時湧現。這次經歷讓我第一次深刻體會到人類在自然面前的渺小，人類面對自然，如同微塵般渺小。

在我整理好情緒後，我們前往咖啡廳享用早餐。清晨陽光羞澀，咖啡廳內瀰漫著濃郁的咖啡香氣。冰川小屋精心準備的歐式早餐，樣式豐富又美味。脆口的培根搭配金黃 Q 彈的烤雞蛋，加上新鮮出爐的麵包，鹹香的德式香腸，以及甜中帶酸的果醬配上優格，每一口都洋溢著幸福的滋味。用餐過後，我們準備展開最後的探險之旅。

我們選擇了「Moraine」這條登山路線，這條蜿蜒入山的小徑，將帶領我們直抵觀賞冰川的最佳地點，一覽壯闊景色。出發前，我們在櫃檯領取了便於攜帶的三明治午餐和巧克力棒，作為路上的補給。

　　起初的路段頗為崎嶇，我們在岩石坡道上慢慢攀爬。稍後穿越了一條湍急的大河，河水奔騰，我們小心翼翼的觀察前人留下的腳印，一步一步穩健通過，避免被河水沖刷。歷經數小時的跋涉，我們終於抵達一處瀑布旁，決定在此歇息片刻，邊欣賞瀑布的氛圍，邊享用背包中的巧克力棒，頓時疲憊一掃而空，重新振作。

　　雖然短暫休息後心情大好，但我們明白這只是旅途中的一時停歇。於是繼續踏上未知的路，接受更大的挑戰。然而，前方路

況比想像中崎嶇艱鉅，我們必須再度渡過一條比剛才更湍急動盪的河流。經過深思熟慮和討論後，我們認為實在難以跨越這最後一關，只能原路折返。

　　內心上頗感掙扎，畢竟費盡千辛萬苦才抵達格陵蘭，完成這趟山川探險之旅的夢想，已然難得。我渴望挑戰未知領域的冒險精神一時高漲，但同時對危險的擔憂也油然而生，雖然熱愛這片人跡罕至的樂土，卻也不得不接受現實的限制，在追求刺激與安全間找尋平衡。或許，這也是面對極地冒險的關鍵所在。

　　我不時反思這幾天見聞到的生活方式與自然教育，以及當地人對於安全和冒險的界線。的確，稍不留神就有意外發生的可能，但對西方遊客而言，這似乎是家常便飯，甚至可說是一種娛樂形式，這開啟了我對於冒險文化更深層的思考。雖然未能達陣，但這趟旅程已然成為我精神冒險的重要一頁，開展了內心更

寬廣的視野。

　　在冰川之旅的回程中，我們選擇依原路返回。下山的速度較為從容，也更能駐足細看沿途景色。起初，我們全神貫注的接受冰川的餽贈，欣賞它壯闊磅礴的景觀。但現在，視線從冰川上移開，思緒開始返璞歸真，反思這趟旅行如何豐富我們的內心世界。

　　我開始更加用心的觀察、品味這片陌生之地，不再只是移動腳步，而是積極的為自己創造與大自然相處的寶貴時光。下午兩點鐘，我們返回出發時的咖啡廳，整理行囊，準備乘船返回伊盧利薩特。

　　一登上船，進入船艙，疲勞感便隨之籠罩而來。或許是整日的活動讓身心俱疲，離開那個對我而言充滿緊張情緒的地方，令我感到一陣釋然。航程尚餘大約一個半小時，我努力抵抗著昏昏欲睡的感覺，再度踏上甲板，將這片大地的倒影牢牢烙印在眼

底，心頭湧上一陣不捨的情感，同時也充滿期待，因爲卽將重新連接 Wi-Fi，能夠將這趟旅程的點點滴滴分享給所有好友。

　　這個瞬間，一場轉換，將身處大自然的靜謐轉爲小鎭的熱鬧純樸。在這轉變的瞬間，我內心默默寄託著這份美好回憶，希望這美好的記憶能在數位空間中流傳發酵，與更多人分享。

　　抵達伊盧利薩特（Ilulissat），下船時已近傍晚 5 點 30 分左右，我們急不可待的需要立刻前往"World of Greenland"旅行社取回我們行程前寄放的行李。然而，令我們感到棘手的是，當我們搭乘旅行社的專車抵達時，卻發現工作人員已在五點過後下班離開，辦公室空無一人，形勢顯得格外艱困。我們站在緊閉的店面門口，心裡湧上一絲慌張與不安。眼看時間已晚，我們正準備放棄等待，決定先前往預定的住宿地點，待明日上班時間再返程領取行李。

就在我們猶豫之際，一輛車突然駛進店門前，一位熱心的工作人員跨出車門，如同陽光突然穿透厚重的烏雲，為我們照亮了希望。我們急忙上前向他說明我們的困境，描述行李仍被遺留在店內的窘境。他立即表示理解並毫不猶豫的答應幫忙取回我們的行李。在這寒冷的天氣裡，這位樂於助人的工作人員簡直就是我們的救星，使我們免於度過一個沒有生活必需品的艱難日子。感激之情油然而生，原本緊繃的心情也在這一幕中漸趨舒緩。

　　興奮之情難以言喻，我們迫不及待的前往期待已久的 Airbnb住所。踏進房門的那一刻，一陣濃厚的喜悅於心中升起，毫無疑問這將是我在這段期間最滿意的住宿環境。從露台眺望出去是一片美不勝收的景色，彷彿置身於世外桃源。在北極的永晝斜陽下，窗外的景色淋漓盡致，宛如超現實的世界。

夕陽的斜照在冰山上折射出道道光影，營造出一種神祕美麗的氣氛，這令人心醉的景色深深吸引了我，宛如一幅印象派的油畫，讓人感到心曠神怡。我彷彿化身爲畫中人，跟隨畫筆的輕舞飛揚。爲了這一刻，所有的旅途疲憊都化爲烏有，只爲能在這樣夢幻的世界片刻停留。

　　大自然的美景將我完全包圍，爲此行旅程增添了更豐富的色彩。我們的好運似乎還在繼續，這棟房子原本有三間寬敞舒適的房間，但此時只有我們獨自一組入住。房東笑著對我們說：「You are alone！」這一句話彷彿爲我們打開了通往私人樂園的大門。我們得以專享整個兩層樓的空間，廚房裡豐富的餐具與食材，以及通過客廳寬大窗戶遠眺冰峽灣的壯闊美景。一切宛如唯美的詩

詞，每一座冰山的形狀都在我心中留下不同的印記。

　　當我最初在網路上預訂這間房源時，就已注意到它離冰峽灣不遠，同時也相當靠近市中心。但真正抵達現場後，我才驚覺它的位置遠比我想像中更加優越，從這裡就能輕鬆欣賞到壯闊的冰峽灣美景，實在出乎我的預期。

　　在過去的住宿經驗中，我們曾因找不到房東給的鑰匙而手忙腳亂。然而這次卻截然不同，房東特別提醒她的房子並無上鎖，我們可直接進入，當我們抵達時，她更親自前來迎接，親切的為我們介紹這棟房子。我們原本只打算預訂一間房間，房東立刻同意，並先在訂房網站下架整棟房源，讓我們以私訊預定並在現場直接付款，省去了預付訂金的麻煩。

　　然而我們卻意外發現房東並未備有刷卡設備，這突如其來的情況讓我們有些措手不及。出乎意料的是，房東的反應出奇的鎮定，他馬上安撫我們不必擔心，並表示我們可以先安頓下來，房費的支付時間很靈活，無須急於當晚結清。她還詳細為我們指引了附近的提款機位置，提供了既實用又周到的解決方法。我幾乎能從他的手勢中勾勒出小鎮上的街景，想像著藍色的房屋在街角映入眼簾的畫面。在這麼原始的地方，房東竟能提供如此溫暖舒適的住所和熱情的招待，這一幕令人感動。

　　按照他的建議，我們很快就在附近的 Pisiffik 超市領取了現金。雖然房東表明我們可以不急於當晚付款，但考量到欠款的心理負擔，我們決定盡快解決這件事。走進超市，五顏六色的商品和包裝在貨架上整齊排列，我們依然專注的辦理提款的手續，店內回蕩著紙鈔流轉和收銀機清脆的聲響，彷彿小小的配樂。

　　事後我們與房東溝通妥當，將房租放置在指定的地方，供她後天自行取走。這樣的相互信任在旅途中可遇不可求，不僅化解

了疑慮，更在我們心中建立了一份難以言喻的默契，成為旅程中的一個難忘插曲。

　　處理完房費事宜後，我們輕鬆來到附近的 Brugseni 超市購買食材。我們選購了薯條、迷你熱狗和新鮮肉品，準備自己動手烹調美味的晚餐。烤箱發出輕微的烘烤聲，食材在鍋中滋滋作響，濃郁香氣很快充滿整個空間，散發著溫馨的感覺。我們一邊欣賞著電視節目，一邊享受這頓溫暖簡單的自製晚餐。這份樸實卻充滿幸福感的用餐時光，無疑是今天最療癒人心的一刻。

　　結束了這充滿驚喜與契機的一天，我們滿足的進入夢鄉。這一天中的種種過程彷彿交織成一條長長的圍巾，將喜悅、興奮與感動緊密的編織在一起，成為旅途中一次次扣人心弦的經歷。

循著冰山的腳步

　　今日，我們沿著那條在海邊被陽光溫暖籠罩的 Yellow Trail 漫遊。起初，迎面而來的是一段陡峭的階梯，隨著攀爬上升，眼神裡交織著興奮。

　　常我們攀登不階梯之巔，眼前瞬間豁然開朗，那一刻總感覺
自己踏入了大自然的神祕殿堂。這片壯觀的風景，彷彿是一位巧
奪天工的畫家在激情的筆觸下創造的奇蹟，讓我的心靈深深為之
震撼。隨著視線由腳下向遠方延伸，這未過度開發之地的綿延岸
邊如同巨龍盤踞，白茫茫的積雪如同銀裏山脊之上，大地的一層
純淨悄然喚醒，遠處的冰山潔白無瑕，散發著陽光映照下的每日
光芒。

　　空氣中彌漫著冰雪的滂薄氣息，冷風拂過，此刻，即擁有了
通往幻想世界的鑰匙。廣闊的冰山，在陽光的柔和映照下，宛如
一座閃耀的水晶城堡，閃爍著璀璨的光芒，彷若是大自然的巧奪
天工之藝術傑作。每一片冰晶都努力散發出絢爛的色彩，猶如上
天賜予的寶石，綴在大地的胸膛上。冰山的輪廓如詩如畫，清晰
可見，每一個角度都呈現出一種極致的美感。

海風吹起，冰峽灣的表面泛起細緻的漣漪，像是大地的心跳，為整個景象注入了生命的律動。冰山的裂縫是大自然雕琢的花紋，其中透露出生生不息的淡藍色，如同一湧而出的生命之泉，賦予整個景象更深的神祕和撼動的感慨。在這片冰雪的海洋中徜徉，彷彿穿越至一個神祕的仙境。陽光穿透晶瑩剔透的冰晶，映照出千變萬化的色彩，描繪色彩斑斕的畫布，使整個場景似一幅夢幻中的詩意畫作。

遠處的山脈在陽光的柔和照耀下，彷彿是大地的巍峨守護者，若隱若現於仙境之中。步入這被些許冰雪覆蓋的土地，每一步都宛如向夢幻之旅前行。清新的空氣中彌漫著冰山獨有的氣息，使人心靈煥發。風徐徐吹拂，將冰山的清新氣息傳送至每個角落，讓人感受到大自然的恩賜。這裡的山脈，在陽光的璀璨映照下，投下瑰麗的影子，白雪的覆蓋使得整體風景更加神祕而幽靜，令人心馳神遠。

　　步道的起點處設有兩張樸實無華而不可或缺的長椅，在我的心中勾勒出一種濃厚的期待氛圍，心想：「若攀登完整條步道，最終坐在這長椅上，沉浸在廣袤的冰峽灣之中，深信所有的疲憊將不復存在，一切都將隨風而逝。」儘管相較於 Blue Trail，Yellow Trail 的難度低了許多，但其所呈現的美景卻一點都不遜色。對於曾經歷過 Blue Trail 考驗的我們來說，這條步道多了一點悠閒。雖然步道看似平靜無濤，然在攀爬至接近制高點的時候，竟然遇到了長得酷似黃鼠狼的動物。因此我們展開了一場持續良久的討論與猜疑，畢竟在格陵蘭這片難以有網路與信號的土地上，我們當下無法立刻查詢，卻因此多了一場父女之間富含見解的對話。

由於之前幾天未能目睹到北極特有的野生動物，正當我們感到有點遺憾的時候，牠卻突然從山壁旁穿越而過，讓我們深感命運之眷顧。

　　黃色步道的終端位於 Icefjord Center 附近。原先，我們計畫在步行至終點的同時，正好能與營業時間接軌。不料，由於我們的步行速度稍稍過於快速，致使我們有近半小時的等待時間。當我逐漸感到愈發無聊的時候，決定和爸爸各自探索周遭環境。

　　不久後，我已步行數十公尺，一剎那間，一隻體型堂堂成年犬隻大小的生物忽然現身，其外貌與狼相去不遠。當時，我首先感到極度驚恐，接著決定靜觀其變，不敢隨意移動一步，試圖探測牠究竟會有何反應。當我逐漸恢復冷靜時，我立刻轉身對著爸爸大聲喊道：「爸爸，牠是狼還是狗啊？」爸爸從遠處大聲回答：「我也不知道。」爸爸得回答使我的緊張感再度提高，畢竟他一直是我的百科全書，無論面對任何問題，他總是能為我解答。

　　就在我無所適從的時候，突然間一道靈光閃現，我決定冒險對著牠叫兩聲，試探一下。於是我鼓足勇氣對著牠喊：「旺！旺！」隨即，那隻動物出乎我意料：「旺！旺！旺！」的回應著。彷彿在向我示意，別害怕，我只是隻普通的格陵蘭犬。

　　回想起這令人緊張又特別的驚險經歷，當下我只感受到一種難以言喻的緊張刺激感。事後回顧起，或許是由於當時極度的緊張，我的思維似乎突然間變得有些混沌，只得以這種連我自己都難以理解的手法來應對，有些愚蠢。

此外，在等待的過程中，北極的蚊子一直不停的緊追著我們，只要我們在某地停留超過一分鐘，它們便迅速偵測到我們的位置，嚴重懷疑牠們在我們身上裝上了 GPS，無論我們採取任何手段都難以避開牠們的追蹤。蚊子的數量實在令人咋舌，簡直如同一支攜帶強力攻擊準備迎接戰鬥的軍團。

　　歷經漫長等待，終於喚來"We are open now."這句話，Icefjord Center 終於敞開那扇大門。一踏進室內，我不禁被這座美麗建築的精緻所深深折服。木質地板的設計細緻入微，每處裝潢都呈現極為現代的風格，與我對格陵蘭的印象形成強烈的反差。我們進入後，需換上提供的拖鞋，並享有置物空間脫下保暖外套，整個區域燈光充足、整潔有序，提供了放置包包的空間。期待已久的展覽廳呈現在眼前，令人驚豔的是，還設有一家優雅的咖啡廳。我們挑選了兩杯極具經典的飲品，我選擇了香濃的熱可可，而爸爸則陶醉於奶香濃郁的熱拿鐵。品嚐了一口，寒冷的感覺隨即從身

上消逝。我們隨即踏進了展覽區，親切的館方人員建議我們優先進入視聽室，觀看「冰山一生」的紀錄片，其中展示了冰川崩解、冰山形成等過程的詳盡呈現。

影片播畢，我們進入了展覽廳，那裡陳列著豐富的大型精裝書籍，介紹著格陵蘭的生態、冰山的種種檔案。所有文字內容皆爲英文書寫，看完後居然讓我有種英文進步的奇妙感覺。

還有一個精心呈現的模型向我們這些冰山的探索者傳達了一個驚人的事實，冰山之龐大背後的神祕之謎，那就是冰山可見的部分實際上僅占整個結構的 10%，而其餘的 90%則隱藏在水底下。

此外，展覽還提供了有關北極冰融速度的詳盡資訊，這不禁令我們深感震撼。深刻的了解冰融背後的數據，進一步引發了對氣候變遷影響的關注，使我更加意識到這個全球性議題的嚴重性。

在格陵蘭的數千年歷史中，Ilulissat 冰峽灣（Kangia）的 Sermeq Kujalleq 冰河每年都以明顯的速度後退。在格陵蘭的數天，"Greenland is melting"這句話成為我最為頻繁聽到的一句話。簡單的一句話背後，卻承載了對冰川消融現象的沉重，呼籲人們關注並應對氣候變遷帶來的衝擊。在展覽廳的中央區域，陳列著過去各個年代至十二萬年前的冰川冰塊，讓人彷彿進入時光之隧道，感受時間的流逝。

展覽的最後一角擺放著眾多 VR 眼鏡設備，戴上後可以深入探索格陵蘭冰帽中心的研究站，包括研究人員的生活點滴等等。當你戴上 VR 設備後，瞬間沉浸於畫面的魅力中，可以根據自己的興趣挑選欲前往的場景。首先，當我進入咖啡廳的時候，眼前的裝潢充滿了極地風情，簡樸而溫馨，四周伴著咖啡機的嗡嗡聲。舉目四望，牆上掛著各種極地風格的裝飾品，櫃檯前擺放著精心製作的餐食，而坐在椅子上的人們正在專注的從事各自的事務，同時品味著一杯杯香濃的咖啡。在這個寧靜的場所，工作人員正精心準備，為身處極地的研究人員提供一個舒適宜人的休憩角落。

隨後，我移步至一個略顯簡陋卻充滿溫馨的寢室場景。這裡設滿了上下舖的床位，研究人員們在工作結束後能夠在這裡輕鬆聊天，分享彼此的心情和見聞，此處成了一個溫馨而充滿人情味的小社群，一股家的溫暖瀰漫在空間中。這樣的氛圍讓極地的寒冷似乎在這片溫情中被包裹得無影無蹤。

接著，我轉移至研究區域，置身於一個大型像礦坑形式的科學實驗室場景。這裡彙聚了各種尖端的高科技儀器，科學家們在這個未開發之地，擁有現代化實驗室並埋首進行專業而深入的研究。每一臺儀器都如同科技產業界的傑出作品，精巧而精密的描繪著人類對極地奧祕的追求與渴望，呈現出一種深邃而富有挑戰

性的科學盛會。當他們進行眼神交流時，彼此間的眼神是知識默契的輪番交錯，令人感受到研究的嚴謹，還有一種對知識的敬畏，當時感受自己彷彿站在科學的巔峰，俯瞰著未知的領域。最後，我選擇走向戶外場景，彷彿踏入格陵蘭冰帽中心的廣大領域。眼前展現的是一片皚皚白雪冰原，遠處聳立著嶙峋的冰山。我被這片大自然的美景深深吸引著，彷彿置身於一杯極致純淨的牛奶中，感受到每一片雪花的細膩與清新。

　　真實場景的 VR 體驗，不僅在視覺上給我帶來強烈的震撼，更有一場身臨其境的特別感受。每一個場景都勾起了我的好奇心，讓我能夠毫無隔閡的沉浸於其中，使人沉迷不已。這樣的體驗讓我站在虛擬與現實的交匯處，彷彿來回穿越時空的界線，與被冰雪覆蓋的大地真實互動。這是我沉浸時間最長的一個設施，透過 VR，讓我更明確了解科學家在極地環境下的研究與生活，或許是因為我一直對極地心懷憧憬，所以這樣的工作環境強力吸引著我。參觀完整個 Icefjord Center，我感受到的第一個就是一種極度滿足的感覺，這些在未踏足這片土地之前所無法想像的東西，讓我不禁深思，我是如何有幸來到這裡，親身目睹了這些或許終其一生都難以親眼目睹的奇蹟。

踏入舒適溫暖的 Airbnb，我們迫不及待的開啟冰箱，取出在 Brugsini 購得的一系列新鮮食材，展開了一場午餐的愉快烹飪時光。精心挑選的豬里肌肉、迷你熱狗、紅蘿蔔、球芽甘藍、花椰菜等多元食材，搭配著

在超市熟食區買得的波浪薯條。

　　經歷了一場充滿冒險與發現的漫長健行，我們選擇了以簡單而不失品味的方式料理食物，疲憊的身軀回到使人放鬆的 Airbnb，這時候的我們並不想花太多時間在烹飪上，然而，不需繁複的料理，卻讓我們品嚐到了食物本質的美味。

　　午後，我們齊聚客廳，開始整理一天拍攝的所有照片。細細回味每一張照片背後的故事，重溫這冰雪之島冒險的每一幕。接著，稍事休息，為接下來數天的探險儲備體力，準備好應對未知卻令人期待的挑戰。最後，我來到 Airbnb 的遼闊陽台，與這片土地有了一種交心，進行一場深度的情感交流、心靈的對話，沉浸於此地為我帶來的一切美好之中。遠處延綿的山川、靜謐的湖泊，每一處景致都彷彿是自然之神的畫筆所繪，讓我深深感受到大自然的宏偉與神祕。在這片寧靜的時光裡，我尋找到心靈的寧靜，沉醉於這片大地所帶來的奇蹟。或許正是這樣的瞬間，讓我對這趟旅程充滿著敬畏之情，期待著未知中的驚喜。

與冰山的日子

　　這一天，我們迎著新的曙光，決定再次踏上那條名為「Blue Trail」的小徑，有趣的是，這一次我們特意挑選的探索路段與前幾天所經歷的迥然不同，鑒於 Blue Trail 蜿蜒崎嶇的地形，我們明智的選擇分成兩次完成這段冒險，以確保我們能夠保持充沛的精力，深度體會每一刻的美好。我們明白這將會是一次挑戰，也是對自然的領悟。在按照地圖指引前進的過程中，驚喜的發現起點竟然就在我們第一個住宿處的附近，這神祕的巧合更彰顯命運的指引，為整個冒險賦予了更具層次的意義，這令人意外的發現更添我們對即將展開的 Blue Trail 之旅的期待。

當我們越接近起點，周遭越是一片寂靜與荒涼。路旁堆疊的貨櫃、夏天在草原上靜靜守候的雪地摩托車，默默等待著冬天的來臨。

　　時不時腳邊經過著一隻隻雪橇犬，牠們凝視著我們，那兇猛的眼神彷彿在提醒著，我們是這片領域的主人。我們腳著給予我們安全感的登山鞋，踏上潔白的積雪，每一步前進都穿越在難以突破的世界中，每一腳印都是對挑戰的無聲宣言，如同一場冒險的開端。

　　攀爬與滑行，每一步都充滿著面對未知的無畏精神，心中隱約有一絲緊張，深怕一不小心腳滑，可能就滑回山腳下了。這趟

冒險對我來說是一次極大的試煉，每一個動作都是對自然力量的敬畏，同時也是對自身勇氣的重重考驗。

　　歷經長時間且疲憊的行走，終於踏上了一個小平臺，我們在此稍作休息，並脫下厚重的外套。這片刻的喘息成為旅程中的一點短暫寧靜，讓我們都能夠藉此重新喚醒力量，為應對即將到來的艱鉅任務作好準備。

　　在這個小平台上，我們遇到了一位女生。雖然在那瞬間只是簡單的點頭微笑，但我在她的眼神中，感受到了一份共鳴，一份相同對格陵蘭的追隨與嚮往。我們彼此在心靈的默契中，以發自內心的方式與大自然對話，對格陵蘭分享我們的熱情。她一直保持著細緻入微的觀察姿態，靜靜的欣賞著周遭元素的變化。每當遠處的美景展現，她都會停下腳步，沉浸在我眼前那寧靜的畫面中，細緻品味大自然的每一幅畫面，看到她的生活方式，我不禁感到羨慕。羨慕她對於美的敏感感知，這片冰天雪地似乎進入她獨有的內心世界，她與大自然之間建立起一種獨特的連結，將這片景色融入自己的生命中。

再度征服了一段漫長的徒步，我們抵達了一片湖面冰封的湖泊旁。在這寒冷而美好的地方，我和爸爸輪流幫對方捕捉這些難得的瞬間。突然，那位女生默默走到我們身旁，友善的詢問是否需要幫我們拍合照，我欣喜若狂的馬上答應，她仔細的詢問我們喜歡什麼樣式的照片。這一刻讓我感動萬分，這張合照成為我們在格陵蘭的第一張合照，也是留下的唯一一張珍貴照片。

　　隨著步道向前，我們驀然發現前方的腳印漸漸變得稀疏而不明顯，最終消失得無影無蹤。荒涼中的寂寞融入了我們前行的每一步，使得冒險的氛圍更加濃烈。經過片刻的凝思，我們驚覺或許已走入錯誤方向，緊張的情緒在一瞬間迅速攀升，深怕自己迷失在這荒涼的地方。畢竟，這裡的訊號連地圖都無法顯示，為我們強制增添了迷途的不安與挑戰的未知。在一番深入的討論和回顧之後，我們毅然決定沿著原路返回。

　　驚奇的是，當我們仔細檢視時才發現，剛才我們在錯誤的地方提前右轉。這個錯誤彷彿是它給予我們的一個警示，提醒我們即使在歡愉期待向前的氣氛中，細心耐心的觀察乃是成功冒險的重要元素。

按著正確的路徑繼續前行，最終踏上一片遼闊的冰峽灣，在那驚險的經歷之後，當我們面對這片令人心曠神怡的風景時，內心湧現出無盡的寧靜和愉悅，頓時感到這裡像是冒險的最終目的也是內心的安頓之地。我向爸爸表達，這片美麗實在難以用言語形容，內心湧現著一種難以言喻的感動。我真的很想永遠停留在這片寧靜的冰峽灣，萬分希望時間能在這裡凝結，為我帶來永恆的美好。

　　在這條 Blue Trail 上，景色超越了任何一切。當我們漫步至步道的中間點，決定右轉前往 Red Trail，以抄近路的方式回到市區。這段雖疲憊但豐富的探險，在我們心中種下了永恆的印記。

　　當我們經過 Icefjord Center 的時候，一隻威風凜凜的格陵蘭犬坐在石頭上，凝視著遠方的浩瀚草原，看似是這片遼闊大地的守護者，牠已融入成為極地大自然的一部分。在這片輕靜的草原上，我彷彿置身於真實世界之外，腳下的浩瀚草原和那凝視著的格陵蘭犬守護者共同構成一幅富有神祕感和力量的畫面。我感受到大自然的懷抱，一種深深的寧靜籠罩著這片土地，每一片草葉都在細語著大自然的故事。眼前的景象超越了言語的表達，使我

沉醉在這片仙境之中，似乎與大地、空氣、每一個生靈都產生了
一種無聲的連結。在這寂靜的時刻，我感到內心的平靜和愉悅，
這是一段難以用言語形容的非凡經歷。

　　回到 Airbnb，我心中湧現出一種難以言喻的情感，想起行李箱
中等待多日的學士服能成為一份特殊的見證，我快速穿上這套學
士服，步出房間，走到陽台上，我緩緩的吸了口氣，感受著寒冷
的空氣灌溉著我的全身，冰峽灣的風光在眼前展開，湛藍的海水
與陽光交融，照耀著我身上的學士服，給予它一層神聖的光輝，
顯現我在學術的征途中書寫的每一篇故事。

　　陽光的柔和灑在冰山的表面，使其散發出如璀璨的光彩，閃爍著閃耀的光芒，就像寶石般奪目，如同我在學業中所追求的智慧之光。街上的建築矗立在繁華小鎮中，宛如我在求學歲月中所建立的知識堡壘，堅固而踏實。

　　遠方教堂的鐘聲，使我好似置身於一場大器而感動的音樂會，注視著冰峽灣和街景，用心去感受這片土地與我共同譜出的一曲旅程。突然，我想起了可以紀錄這份感動的鏡頭，於是我帶著興奮的心情請爸爸來幫我拍下這意義非凡的瞬間。他手握著相機，以感慨的目光捕捉著每一個角度，每一種光影，使得這張照片成為我學術與旅程皆獨一無二的見證。

　　這套學士服，彷彿是我學業奮鬥的總結，然而在遙遠的格陵蘭，它融入這段旅程成為特殊配角。在這片寒冷的天地之中，它似乎被賦予了嶄新的任務，代表著一個新階段的開始。我靜靜的注視著學士服上被風吹過的每一道褶皺，每一絲線都串聯著我過去的努力和未來的可能，每一個摺痕，都像是時間的痕跡，記錄著我成長的點點滴滴。

　　在這片遼闊的陽台上，我感受到格陵蘭的在向我歌頌故事，學士服成為這段旅程中的見證者，見證著我在這片冰雪之地所經歷的一切。穿上它，我感受到一股從內而發的自信，在這北極之地，我不僅是旅人，更是一位追尋的冒險者。在這時間的交匯，學士服與格陵蘭的相遇成為一段時光的交融。這不只是一次旅

行，還是一場身心的洗禮。我相信，當這套學士服再次回到行李箱時，它將帶著我在極地的冒險故事，成爲永遠的回憶。

陽光逐漸照亮我的心，冰峽灣的景色變得更加神祕，我懷抱著對遠方的無窮好奇，對未知的探索，將這段旅程的音符深深的譜在我的心中。在學士服的見證下，我期待著未來更多的旅程，更多的冒險，讓生命的樂章在不同的地方繼續奏響。

午後的 Ilulissat，我選擇以跑步的方式來揭開這片廣大的祕密。令我意外的是，在 Disko Line 辦公室前再次巧遇了幾天前在 Kangerlussuaq 機場相遇的那群熟悉的臺灣冒險者。這樣的重逢讓我感到既驚喜又溫馨，像是極地之神爲我們安排的美好邂逅，即便在這寬廣的世界中，命運的線索讓我們在同一個地方相會，這就像是格陵蘭的奇蹟，互相享受了對方的冒險，也尋找到了一份難得的友誼。

在遙遠的北極圈，擁有臺灣六十倍大的格陵蘭，我們能夠在一個小小的十字路口相遇，實屬一種難以言喻的緣分，相遇的過程就像溫暖的陽光灑在我被冰雪凍麻痹的心靈上，爲此帶來濃厚

的暖意。

　　跑完步，我順道走進 Akiki 超市，心血來潮的挑選了一瓶可樂和一個肉桂捲。這些看似普通的點心，卻在我品嚐的瞬間成爲了對這片土地的感激之情。我找了一個角落，悠閒喝著手中的可樂。汽水中刺激的氣泡在口中翻騰，帶來一陣舒爽的感覺。肉桂捲的香氣在鼻中蔓延攀爬，整個超市被淡淡的香味罩著，我靜靜的享受著這份平凡中蘊含的特別。待在超市的角落，我不禁回想起今天的冒險。從 Ilulissat 小鎮到超市裡的這個小角落，每一個場景都在呈現著格陵蘭不同的一面，這個自由的旅程讓我更加確的感受到這片土地的多樣性和豐富性。這頓簡單的點心，是慢跑的一部分，每一口都是從這片土地得來的豐碩果實。或許，在這冰雪覆蓋的大地上，每一份美味都對於格陵蘭說再簡單不過了，而也蘊含著格陵蘭特有的魔力，讓我在品嚐的同時感受到自然的恩賜。

　　一邊喝著可樂，一邊咬下一口肉桂捲，滿滿的滿足感，感激著這片土地的款待，也感激自己在這片極地奇境中找到了一份獨有的難得與感慨。

　　傍晚，陽光漸漸降溫，我坐在陽台上沉浸在這片我從未見過的永晝之中。氣溫的下降並未擊敗我對這片土地的熱愛，反而更讓我感受到這空靈世界的魅力。

　　在遠處的海港中，那艘灰色的巡邏船在遠處的海域緩緩駛出漁港，它的存在頓時引起我極大的興趣。仔細觀察船身上的大大

明確的字樣，查詢後才得知，這原來是丹麥籍的巡邏船，專責巡弋法羅群島和格陵蘭。這艘船的存在如同一道守護者，在這遙遠的極地海域中穿梭，藉由搜尋這艘巡邏船，彷彿能夠窺探到這片海域的歷史和活力。從我踏進這片神祕的土地的深坑起，它以一種令人著迷的方式為我展現了新奇與感動。這片美麗的大地，我感到萬分的感激，讓我得以在這充實的旅程中體會生命深刻的意義。這裡的每一個角落都是一本故事書，而土地的美與奇蹟則在文字間綻放。

大風吹不走的不捨

　　這是在 Ilulissat 最後的整天，身處這片令人心馳神往的土地上，離別的情緒讓我深感難以適應。時間彷彿在指間溜走，我不想虛度任何一分一秒，急切的想在這片有歸屬感的土地上留下更多屬於我的專屬回憶。

　　在陽光明媚的清晨，我被穿透窗簾的柔和光線喚醒，感受大地對我溫柔的召喚。我依舊以滿懷期待的心情，展開這最後一天的探險之旅。毫不猶豫，我們決定再度踏上 Yellow Trail，希望能夠在每一步中發現不同的驚喜。只不過這一次我們選擇了與上次相反的行走方向，冀望以全新的視角欣賞 Ilulissat 小鎮的風光。

與前些天不同的是，今天的風格外強勁，吹動著冰山，使其更遠離岸邊，連拿出手機拍照都感到一陣驚險。在這強風中，我的靈魂被吹進大自然的懷抱中，欣賞著冰山的壯觀和大海的浩渺，彷彿這一切都是爲了我而存在。步行間，我發現每一個角落都蘊含著大自然的奇蹟，而我成爲這場奇蹟的一個配角。海面在陽光的照射下波光粼粼，如同向我展示它今天的美麗。或許，這就是大地賜予我的禮物，一份屬於這腳下之地的特別而美好的饋贈。

　　在悠閒的漫步中，我悠然遠離了城市的塵囂，心隨風飄動，彷彿在這片冰雪世界中找到了我的歸宿。Ilulissat 小鎮在遠方如詩如畫，顏色繽紛活潑的房子，飾演著不同的角色，展現出多姿的色彩，美不勝收。大自然對我獻上的珍貴禮物，讓我在它的懷抱中毫不費力地發現更多美好。或許風中的呼嘯聲是大地的歌聲，而我在其中翩翩起舞。致敬大自然的每一步，也是對生命的感恩。

走過那強風肆虐的 Yellow Trail，我們回到 Ilulissat 小鎮，看著夕陽西下。夕陽的余暉映照在冰山上，彷彿爲這片寧靜的土地披上一層金色的光環。在這一刻，我感受到大自然的恩賜，也深深感激身處於這片美好的土地上。

　　也許是因爲不久之前曾經走過這條路，所以感覺走得特別迅速，不久便抵達目的地。我們再次來到上回坐過的長椅，靜靜欣賞著冰峽灣，實現了前幾天的夢想——完成整段 Yellow Trail，坐在這裡靜享這片冰雪海洋。長椅的質樸，讓我沉浸在這虛幻而美好的景色中，不願離去。

　　過了不久，一位來自德國的女士走了過來。我禮貌的挪開一些位置，邀請她與我們一同坐在長椅上。她坐下後，我們展開了一場感受不到隔閡的對話。她分享著她在冬季造訪 Ilulissat 的經驗，她口中那片冰天雪地的美景別有一番風味，她的一席話點燃了我對再度來到這片土地的渴望。於是，我好奇的追問她有關冬

天遊客眾多的情況，她坦言確實有大量的遊客光臨，但也指出在極寒的環境中行走可能是相當危險的。她以我們來自亞洲的視角提到，在這樣的極端氣候下，我們可能需要更多的時間來適應，她甚至笑著表示我們看起來已經有點凍僵了，確實，我感覺到自己已經像冰雕一樣的坐在那裡。

　　透過她的分享，我對 Ilulissat 的冬天有了更豐富的想像，也使我對未來的機會充滿期待。我們告別後，我心中滿懷對這位旅人的羨慕，也對再次踏足 Ilulissat 的未來充滿希冀。

　　然而，我深知不可能以每年頻繁的方式造訪這片土地，這對我而言太不現實了，可想而知金錢與時間的限制是不容忽視的實際問題。或許，十年之後，我即使藉由個人的努力得到再度踏上這片神祕的土地的機會，但我心知肚明，風景肯定已非昔日模樣，而當年那位女士所見的風采，我或許永遠無法完全媲美。畢竟，氣候變遷的議題不會消逝，也使我深感無奈，這是一個全球性的議題，而沒有人能對此掌控。

與那位德國女性告別之後，我反覆思考她所分享的一切。雖然心中產生掙扎，但我明白，以不強求的心態同時也是對這片土地的一種尊重。也許，正是這份尊重與敬畏，使得每次經歷都能成為一次次的珍稀寶物。

　　我們漫步進了超市，心中懷著對美食的好奇與期待。回味著昨天那令人讚嘆的肉桂捲，我絲毫沒有猶豫的將它放進購物車。此時，充滿好奇心的我又看到了一款藍莓汁，做行前規劃得知歐洲有藍莓汁以來，都渴望嘗試。

　　然而，由於我無法理解丹麥文，結果買回來的卻是一瓶葡萄汁。即便如此，每一口都還是感受得到異國風情，依舊讓我感到滿足。購物籃中的每樣新奇東西，都讓我期待晚上的餐食時光，也是這每天的一份驚喜之一。購入一些小點心後，我們突然意識到，已經在這裡待了好幾天，每天都親自動手為自己準備美食，是否趁現在改變一下，體驗一下當地的美食呢？

　　於是，我們決定前往當地一家名為 Nuka Café 的餐廳，這家讓人期待的當地餐廳，期待能在這裡品嚐到更多當地的風味。

　　走進 Nuka Café，一進門，菜單上的精美照片和空氣中瀰漫的美味香氣立即吸引著我們，口水也跟著沸騰。看著誘人的海鮮湯圖片，我們心生好奇的討論後決定品嚐一番。同時，菜單上的鮮蝦湯也引起了我們的興趣，於是我們一致同意也將其列為今日午餐的不可或缺之選。

　　等待餐點的過程中，我們在溫馨的用餐環境中感受著當地的文化和風情。這頓晚餐對我來說絕不單單是一次美食的體驗，而是一次與當地人交流的機會。這裡的湯碗長得像臺灣的深盤子，兩碗湯的花費竟然高達三百丹麥克朗，確實不算便宜，但我覺得這是必須經歷一次的美食體驗，因此心中依然充滿了開心的心

情。

餐點一經點單，很快就端上了桌，色香
俱佳的泰國色彩在眼前展開。通過了解，我
才得知原來當地有許多泰國移民，因此許多
餐廳都提供著道地的泰式美食。品嚐這一道
道美味的同時，感覺被帶到了泰國的街頭小
巷，處處可見濃厚的泰國風情。這樣的用餐
體驗滿足了我們的亞洲味蕾，更是將當地文
化融入了我們的旅程，讓這趟冒險之旅增添了一絲獨特的魅力。

兩碗湯我們交換品嚐，海鮮湯酸酸甜甜，微辣的滋味在口中
翩然舞動，白米則是來自泰國的香糯米飯。湯品的酸辣與白飯的
完美交織，彷彿在嘴裡演繹活潑的劇目。轉而品嚐鮮蝦湯，濃郁
的奶味如絲般滑嫩，每一口都讓人感受到豐富的層次，這樣的濃
湯讓我陶醉其中，愛不釋手。

走回 Airbnb 的路上，我迫不及待的打開了那袋香氣撲鼻的肉
桂捲，甜蜜的滋味在口中綻放，簡直是個超越期待的味蕾盛宴。
每一口都是對美好的享受，肉桂的香氣在口中縈繞，整個世界都
變得溫暖而美好。或許正是這樣的小確幸，讓我更加珍惜這趟旅
程，感受到生活中那些小而美好的幸福。

此外，我們還在超市購買了一包玉米片
餅乾，這裡的口味不同於臺灣，充滿了辛辣
感的包裝，好奇心在我心頭升騰，我慢慢的
打開玉米片的包裝，一陣辣氣撲面而來，瞬
間讓我為之一振。我拿起一片，送進嘴中。
果然，這片餅乾的辣味立即如火箭般襲來，
勾動我所有的味蕾的緊張感，辣味猛烈而深

刻，像是一場風暴在口中肆虐。爲了挑戰自己的辛辣底線，我特意穿著輕便的短袖短褲，走到了室外。因爲我原本以爲藉由當地的寒冷氣候，降低辣味對口腔的灼熱感，但事與願違。辣味依然猛烈，我一邊吃一邊吐出舌頭，試圖用冷空氣來降低嘴巴的火辣感，或許這舉動看起來滑稽，但這也是我對於辛辣體驗新穎的應對方式。

　　晚上，我原本計畫藉著溜冰來做最後的小鎮巡禮。很不幸的，當我穿好鞋子準備出門時，天空卻悄無聲息的開始下起了毛毛雨。或許是格陵蘭的多變氣候，讓人難以捉摸，但這樣的小雨並沒有影響我對這片土地的眷戀。透過窗戶，我靜靜的凝視著外面的雨點，心中充滿了對這美麗土地的思念。

或許正是這趟旅程，讓我更加理解氣候變遷的現實，北極區域的天候變化也成爲了一個我們需要正視的議題。在窗邊，我默默思索著北極土地的美與哀，以及人類應該如何更好的保護寶貴的自然環境。雖然我們並無法改變天氣，但我們可以透過行動，爲大地的守護給予一份愛與關懷。

　　回到屋內，我與家人分享這一天的點滴，共同編織美好的回憶。我們交換著心中的故事，每一個笑容都是對這片獨特土地的致敬。

　　在窗邊，我再次感受這趟旅程帶來的豐富和感動。儘管天空灰沉，大海失去生氣，岩石無力反駁海浪的拍打，但我深深體悟到這片土地的獨特之處。這幾天，我們在這寂寥而美麗的地方歷經種種冒險，每一個瞬間都值得被珍藏。

　　我放下了窗前的思緒，轉向電視，嘗試從節目的世界中尋找

一絲慰藉。腳輕輕翹起，我意識到即便在灰暗的天空下，也能發現光亮的存在。在這個充滿情緒波動的夜晚，我希望自己能在節目中找到片刻的寧靜。或許，我無法永遠駐留在格陵蘭，但我承諾自己要將這裡的每一刻以最美好的形態保存在腦海中。這不是一趟旅行的意義，這是生命中不可或缺的一部分，對這片土地的愛和感激之情將永存我心。

漸漸的，時間消失的差不多了，我們將這天的冒險和探索轉化爲美好的回憶，沉浸在夢幻般的氛圍中。我們思索著即將到來的旅程，感謝自己將這片土地規劃爲第一站，帶給我們的無盡啟發。

這個晚上，我在格陵蘭的窗前度過，窗外的變化如詩如畫，彷彿在演示著這片土地的縮影。或許，這只是旅程的開始，留下的回憶將成爲我們心中永不磨滅的光輝。在這個冰雪王國的土地上，我們發現了生命的美好，感受到大自然的神祕力量，這將是一段永遠難以忘懷的旅程。

離別很難也不難

　　今天清晨起床，由於時差還未能完完全全適應，我依舊感到了些許的疲憊。或許是這片冰雪之地的獨特能量，讓我在疲憊中還能找到一種清新與活力。依然擁有對未知領域的濃烈好奇心，也許這就是旅行的神奇之處，在疲憊中找到新的力量，並在美好的過程中不斷茁壯成長，這將是我在 Ilulissat 度過的最後半天。在這最後的半天，我早已下定決心更加用心感受每一刻，捕捉每一片冰晶的閃爍，紀錄下這神祕土地的美好。畢竟，疲憊只是身上短暫的感覺，而留下的回憶將會是內心永恆的寶藏。這座美麗的城市座落北極圈，被神奇所環繞，散發出一種特有的、令人陶醉的氛圍。

　　離開的時刻已經近逼，我們即將踏上前往機場的路途，房東也提前為我們貼心安排計程車。趁著計程車還未到，我們留戀的回望著這段在異地充滿記憶的時光，感慨萬分。不禁回顧起和房東共度的美好時光，使我們在這陌生的城市找到了一份如家的溫馨感覺。她的細心與關懷，讓我們在旅途中倍感溫暖與安心，她就像我在格陵蘭的媽媽，時刻關心著我們的狀況，無微不至的照顧，替我們黏貼紗窗，整理寢具等等。

　　北極之旅的最後一天，我原本想以慢跑的方式與這座城市告別，但外頭的雨勢卻絲毫不減。晨光中灑下的細雨，彷彿是北極對我的告別之淚。我只好再次躺下，腦中不斷浮現「我在北極！我在格陵蘭」的念頭。

　　我躺在床上，透過窗外輕輕拍打的雨滴聲，回想起這段旅

程。在這片遙遠像是被世界遺忘的土地上，我曾體會到大自然的偉大，也曾感受到極地的殘酷；我曾看到壯麗的冰川，也曾看到融化的冰川；我曾看到悠閒的麝牛，也曾看到瀕臨滅絕的北極動物；我曾感受到大自然的神奇，也曾感受到人類的渺小；我曾感到興奮，也曾感到失望。但無論如何，這段旅程都讓我成長了。此行，使我明白，北極是個脆弱的環境，人類的活動正在破壞這片土地，我們必須保護它。

雨水滲透大地，彷彿是這北極之地對我們的呼喚。我知道，我將永遠銘記這片對我來說具特殊意義土地的宣告，也將永遠努力保護它。我將帶著這段旅程的收穫，繼續探索未知的世界。或許，有一天，我會再次回到這裡，重新擁抱這片大地。

雖然原定慢跑的計畫未能實現，但我用另一種方式與這座城市作最後的交流。我打開大門，感受著北極風的呼嘯，讓冰雨滴在身上，或許這就是北極圈的獨特連結方式。這場雨，成就了我對這趟旅程至此的強烈反思與感悟。

回顧過去的幾天，我一直以一種接納與欣賞的態度感受，這是我原先體會到旅行真諦的方式。在綿綿細雨的這段時間，我反覆思考之前的問題，我究竟是受到了多少因素的影響，才能夠站在這片土地上。我帶著思緒，打開手機地圖，點擊右下角的定位符號，感動與確信湧上心頭。

「我真的在這裡！」在這片冰封的大島上，我深感著自己與這獨特地方的連結，心中湧現著一股莫名的自豪感。回憶起出發的第一天，旅程的開端，歷時三天，涉及四趟飛行，感受到地理位置的變化，更體會到內心的轉變。在這段充滿期盼和興奮的時光裡，我沒有感到一絲絲的畏懼，只有對未知的好奇和迫不及待的心情，三天的奔波，雖然辛苦，但當回想起時，我的內心的確充

滿了對冒險的渴望和對未知的勇氣。

　　如今，離別為我帶來不捨與沉重。坦白說，我心依舊懷著濃厚的感激，感謝父母的支持與付出，同時也感謝自己的堅持。若沒有他們，我或許難以有機會認識這片土地；而若沒有那個不肯放棄的自己，也難以順利的站在這裡。

　　於是，我決定在這個格陵蘭的「家」，製作一段窗外冰山的縮時影片，這成為我在這片土地上唯一的「創作」。這個選擇是我對這美麗景緻的一種捕捉，也是對這段時光的深刻留念。在窗前擺放著攝影器材，猶如放大的眼睛，透過鏡頭，我試圖以更深的視角去窺探格陵蘭的獨特之美。

　　攝影器材是我與這冰雪世界對話的媒介，每一顆鏡頭都是一種暫停時光的工具，窗外冰山的宏偉在鏡頭下被定格，這些崢嶸挺拔的冰山成為了世界的創作素材，攝影器材成為我記錄這片土地、表達自我的媒介，每一個快門聲都在述說著我在格陵蘭的故事。

　　感謝今天的雨，讓我能夠在它帶來的節拍中，次次數著這段心路歷程的節奏。也因為在這樣的環境下持續思考，將旅程以文字形式紀錄的想法，在心中紮下根，儘管這聽起來或許是一件極簡單的事，對我來說其意義遠超過一切。就像在大學二年級時，一位老師曾經告訴我們：「一個事物的描寫，即便以數萬字的書寫下，他人依舊永遠無法真切的感同身受，唯有親身走過那段故事，才能真正理解其中的深意。」

　　接著，當十點整的正式到來，我瞥見房東為我們叫來的計程車駛過門口，我內心期望著它能夠以更「緩慢」的速度前進。這非我所能左右，格陵蘭人開車的風格實在過於「果斷」與「英勇」。當計程車穿越在城市的街巷之中，彷彿帶領著我們重溫 Ilulissat 城市

的縮影，每個角落都彌漫著令我難以忘懷的回憶。上車後，約莫過了十分鐘，我們便抵達了機場。

　　視覺上來看，像是從童話故事中走出來的小機場，擁有粉紅色城市標示字體、建築為水藍底色，宛如一家糖果店般讓人感到溫馨。雖然航廈規模不大，卻應有盡有，一進去就好似置身於充滿童趣與活力的場景中。這個機場的旅客相對稀少，以至於只需提前半小時抵達便足夠應付起飛前的一切。

　　我們走進機場，發現託運行李的地方竟然毫無排隊的繁瑣，工作人員的閒暇似乎足以讓他們回到辦公室休息，等待需要託運行李的旅客敲門或按櫃檯的小鈴鐺。每當有旅客需要服務，總有一位熱心的工作人員隨即出現。我們在大廳靜靜等待，時光如梭，每一分每一秒都悄悄流逝。

突然間，我無法壓抑變化的情緒，於是快步走到機場旁的山坡上。站在那裡，我朝著城市中心方向的冰峽灣，忍不住的拿起相機，捕捉下這片美景。正當我專注於拍攝時，一陣陣風吹拂而來，與飛機引擎的低沉嗡鳴相互交織，讓這片山坡上的一切更加生動，我回頭望向機場，一架飛機正在空中翱翔，緩緩降落在跑道上。

　　與此同時，另一架飛機則瀟灑起飛，穿越寧靜的天空，留下一道美麗的飛行軌跡。山坡上的微風拂過，帶著一絲涼意，使得這個時刻更加特別。還處城市的繁忙而富有生機，相對冰峽灣如一片寧靜的湖泊如天堂般祥和。我透過鏡頭，捕捉到冰山在天際中橫空出世的震撼感，彷彿是大地的見證者。

　　緊接著，我發現 Air Greenland 的商品陳列櫃，內心湧現購物的慾望。然而，考慮到我們的行李皆已經託運完成，只好選擇以簡單的方式滿足購物慾望，購入了幾張極具特色的明信片，當作獨特的紀念品，彰顯這段難得的旅程。隨著購物心願得以實現，我們即將啟程前往 Kangerlussuaq，這

趨前往目的地的螺旋槳小飛機成為整個旅程中矚目的一環，同時也是本次冒險的最終章。因此，在登機前，我內心充滿了對這次特殊體驗的珍惜與期待。

　　在飛行的過程中，我匆忙的捕捉著可能是人生中最後一次看見的 Ilulissat 冰峽灣，迫切欲將這極致美景永遠凝固在我的記憶中。我透過飛機窗戶專注的凝視，每一片浮冰、每一座雪山都如詩如畫，我非常非常確定自己已經深深愛上這裡。

　　時間匆匆，我在內心與深處這一顆永遠閃耀的星辰道別。看著自己徒步、奔跑過的每條小徑，和父親一同徜徉的步道，還有那家購物的超市，每一個畫面在這一剎那全都浮現在腦海中，難以割捨的心情幾乎快讓我在飛機上滴下幾滴眼淚。

　　抵達 Kangerlussuaq 後，我們依照預約安排等待搭乘住宿旅店的接駁車，直至眾人齊集一同啟程。領取完行李後，熱情的司機引導我們登上有野外感的廂型車，隨著路勢的高低，我們在車廂中搖晃前行，最終安全抵達距離機場約兩公里遠的住宿地點，Old Camp。

這個地方的視覺效果猶如美式軍事基地，擁有小巧的空間、簡約的上下舖、小辦公桌，雖然質樸，但因窗外的景致顯得格外吸引人，而沒有讓我產生任何不適感。在預訂房間的同時，我們順便加購了 Tundra Safari 的行程，一場探索苔原之美的活動。

　　然而，在出發前我們遭遇了小困境，當地唯一的超市在下午 5:00 結束營業，而我們僅剩下不到一小時的時間，就即將搭上車啟程探索苔原。超市距離我們的住宿地點兩公里遠，步行極為匆忙，甚至可能需要奔跑。當我正思索著是否索性放棄晚餐時，忽然想到我攜帶了溜冰鞋，這讓我突然靈機一動，決定以溜冰的方式前往超市。

　　這樣，路程縮短為五分鐘，並且能夠有更多時間在超市閒晃。我急忙穿上溜冰鞋，迎著寒風滑向超市的方向。抵達超市，我精心挑選了一個香氣四溢的現做熱狗麵包捲，一個誘人的肉桂捲，還有一些精緻的小餅乾。

　　匆匆溜回 Old Camp，品味著這些美食，感受著因為自身努力而獲得的美味滋味。享用完美味的食物後，我和爸爸來到外面等

待，準備上車。映入眼簾的是一輛形狀酷似鴨子船的大卡車，這輛卡車看起來十分堅固強悍，似乎能夠應對格陵蘭各種地形。它不僅能穿越高低起伏的山地，還能輕鬆行駛在融雪形成的小河流上。

我們稍事等待，司機終於現身了，他告訴我們，今天的行程只有我們兩人，因此我們可以隨心所欲的選擇座位，儘管這聽起來似乎是一件幸運的事情，但我心中卻有些擔憂。畢竟，我感覺此刻像在考英語聽力，而我與司機只能透過英語溝通。如果溝通不暢，那麼這趟旅程將會十分煎熬。

我們登上卡車後，司機便建議我們選擇最前方的座位，擁有廣闊的視野，並開始介紹即將停留的兩個高地。他告訴我們，第一個高地可以遠眺羅素冰川，而第二個高地則可以俯瞰 Kangerlussuaq 機場。卡車啟動，帶著我們穿越格陵蘭的苔原地帶。司機熟練的操控著這輛越野巨獸，我們經由車窗目睹著被冰雪覆蓋的廣大原野，這片被自然雕琢的景致，在白煙裊裊之下，展現出一片瑰麗的仙境。

　抵達第一個高地後，我們迫不及待的下車，欣賞起這片令人
嘆為觀止的景色。眼前的冰川如同一條挺拔俊逸的白龍，蜿蜒伸
展在蒼茫的吾原之上。它寬大厚實的身軀猶如一座冰雪建築，巍
峨壯闊，令人嘆為觀止。陽光折射在冰川表面，折射出耀眼的光
澤，像是龍鱗上泛著晶瑩的光芒。這條白龍已在這裡沉睡了上萬
年，見證了這個地方無數個四季更替。我們細心觀察冰川表面的
裂縫和層次分明的冰層，以及冰川融化後形成的河流，它以緩慢
而優雅的姿態訴說著歷史的綿延。

　　不久後，司機指著前方說
道：「那裡！一隻麝牛！」我迅速
舉起相機，捕捉下這珍貴的瞬
間。麝牛是格陵蘭特有的動物，
它們體型龐大，性情溫和，猶如
這片原野中的守護者，與我們共
享著這片極地。

這隻麝牛悠閒的在廣闊的苔原上行走，時不時低頭覓食一些低矮草木上的嫩芽。牠就這樣融入了大地，與周遭的一草一木相協調，構成一幅和諧祥和的畫面。

　　苔原上零星生長的地衣在微弱的陽光下呈現出各種色彩，有的深綠，有的灰白，還有些帶點紅色，與白雪相交錯，彷彿上等的墨跡在純白的宣紙上飛舞。偶爾吹來的微風使身邊的植物叢沙沙作響，如同自然的樂師在演奏著大地的樂章。我們屏息靜氣，深怕自己的一舉一動會驚擾了這沉穩的動物，時不時抬頭望向天空，似乎在欣賞那湛藍的色彩。這一刻，我們都忘記了時間的流逝，只是全神貫注的觀賞著大自然的鬼斧神工。這是多麼難得，多麼美不勝收！這畫面不只會深深烙印在我的腦海，必定會成為我人生中難忘的回憶。

　　結束第一個高地的巡禮後，我們踏上了拜訪第二個高地的路途。站在這裡，我們得以俯瞰整個 Kangerlussuaq 機場，它展現了雄渾的氣勢。

遠處機場的跑道宛如在苔原上的一條銀河，顯眼而耀眼，這機場的興建實在是一項艱鉅任務，但同時也見證人類與自然力量的和諧共生。地面上的跑道在微光映照下散發著一抹暖意，就像一條繫在 Kangerlussuaq 腰上的閃耀鑽帶。穿越在原野之上的它，不僅作為極地與人類互動的交織，也見證了永遠長存的人類智慧與堅韌。機場旁邊一條灰色的大河綿延而過，河水奔騰不息，流淌著這片土地的悠久歷史。這濁流源頭來自於遠處冰川的融雪，混濁不清的河水揭示了一段地球的變遷與複雜，沉重的灰色調，更訴說著脆弱的生態系統與地球暖化的現實。

　　這次的苔原之旅確實令我大開眼界，親身目睹了格陵蘭獨特的生態風光，深刻感受到這片土地的魄力，這種景象讓我難以置信，原來北極的真真面貌如此多面而複雜，它既有著令人讚嘆的自然景觀，同時也隱藏著複雜而微妙的生態系統，遠遠超出了我曾經想像的那份純粹的美好。極地中這蔽日的冰川，苔原草甸，奔騰淊流之間，我深刻體悟到大自然的偉岸，人類的渺小。

　　整個行程結束後，我們滿懷歡欣卻保持沉默、駕輕就熟的打點行裝，準備迎接明日返程的新旅途，等待隔天早上的飛機回哥本哈根。

愛，無法解釋

今天的格陵蘭，黎明似乎遲到，我依舊早起展開晨間慢跑，Kangerlussuaq 的清晨彷彿被時光凝結，營造出一種格外安詳與孤獨的氛圍。我感受到大地與天空間的靜謐共振，周遭的景色被陰陰的天疊上一層淡淡的白霧，山巒在遠處灰藍的天際線上嶙峋聳立，連接著天地的交界。

我徜徉在 Old Camp 附近，眼前是一排排我們住的紅色小屋，它們靜靜守護在清晨的寂靜中，紅白相間的國旗在風中搖曳，地面上散落著一些動物的骨骸，這或許是大自然歷經漫長歲月後留下的痕跡，夠透過這些殘骸，觸摸這片土地的歷史、故事，這種

赤裸的景象讓我感到格陵蘭對我之間沒有任何保留，我與它真真切切的相連。寧靜的格陵蘭，讓我看到了最原始、最直接的故事，就像時光倒流，將我帶回大自然的懷抱。

　　早晨，桌上擺滿了各種麵包，形成一幅簡約而豐富的畫面，籃子中有薄片吐司、白餐包、黑麥麵包交錯在一起，如同畫布上的色彩斑斕。果醬的選擇實在是多采多姿，琳瑯滿目的口味，包括了草莓、藍莓等各種令人垂涎的選擇，然而，其中最令我矚目的無非是那獨特的起司抹醬，它的包裝造型宛如高級精品，卻隱藏著各種口味的起司。而且，這裡還有一臺簡易像烤網的烤麵包機，其極簡的外觀散發出一種狂放的氛圍，長形的烤盤底下透出炙熱的紅色熱燈條，為這早餐帶來一場別具一格的濃厚氣氛。

　　今天，我們唯一的行程是搭乘 Air Greenland 的班機，從格陵蘭的 Kangerlussuaq 飛往丹麥的哥本哈根，儘管格陵蘭隸屬於丹麥，但它的地理位置相距甚遠，兩地之間有長達四小時的時差。這次的飛行將耗時大約四個小時的時間，機上的每一刻都像是在時間的隧道中穿梭。我們預計在格陵蘭的清晨十點四十分起飛，而當我們抵達哥本哈根時，當地已經近晚上七點，一天的行程也將因此進入尾聲。在安排行程時，除了早上在機場的遊覽與購物之外，今天將不再有其他活動。

　　用完早餐後，我們在 Old Camp 櫃檯的工作人員協助下，搭上了早上八點的接駁車前往機場。在車上等待其他房客的同時，一隻北極兔悄悄的從車旁躍過，引起車上其他夥伴一陣陣「hare！hare！」的驚呼聲，然而，唯獨我們兩個互相大聲呼喊著「北極兔！」，似乎我們才是這裡會引起注目的特殊族群。

　　車子在崎嶇的砂土路上搖擺不定，黃色的路面在我們前行的過程中掀起了一片塵土，彷彿是一場電影中孤寂而令人難以告別

的畫面。當我回頭看時，已經看不見遠處的所有，一切都在這黃色的塵土中緩緩消散。

車子行駛著，窗外的景象突然轉變，我們來到了熱鬧的城市中心，看到超市的建築，我想到這是今天唯一可以進行的活動，於是我決定在這裡展開一場「報復性消費」，因此，我打算趁機在機場對面的超市購買一些東西和零食，同時挑選一些獨特的熟食，這樣在等待登機的時間裡就能盡情享用與打發時間。

不過，下車時拖著行李的我們似乎遺忘了這個計劃，行李造成我們移動不便。因此，我們選擇先前往託運櫃檯辦理手續和報到。報到完成後，旁邊的紀念品店立即吸引了我的目光，這是我最後的機會購得格陵蘭紀念品，我在店內逛了整整三遍，雖然店面不大，卻充滿了各種引人入勝的商品。商店右側擺滿了各式各樣的衣物，很可惜，當下我對衣物並不太感興趣，那感覺就像在臺灣知名地標旁販售的服飾店。我更期待能夠找到一些小而特別的紀念品，經過漫長仔細的挑選，終於讓我發現了一雙合我心意的國旗襪、一雙非常有意義的北極熊襪，還有一些國旗燙布貼和胸針。最後，我更挑選了一支造型獨特的鯨魚尾巴筆，可以放在書包裡，作為格陵蘭留給我的禮物。

離開那間引人注目的紀念品店後，當我坐在舒適的座位區等待，正要開始整理那些珍貴的紀念品，我突然注意到 Air Greenland 的櫃台上陳列著豐富多樣的航空公司紀念品，這些商品早已是我心心念念的尋寶目標。在琳瑯滿目的選擇中，我最終挑選了一條對我而言極為實用且質感上乘的頭巾，以及一個別具風格的行李牌，每一樣商品都在瞬間俘虜了我的心，讓我不禁覺得一份不夠，只有買上兩份才足以彰顯它們在我心中的獨特價值。

當我在紀念品商店盡情滿足完我內心深處蠢動的購物慾望

後，穿越安檢的閘門進入候機室，就在這時，一道閃電般的想法忽然從遠方閃現，使我想起，原本在心中輕輕浮現的念頭，竟然忘了至對面的超市悠閒的採購一些美味可口的零食。

　　慶幸的是，眼前的機場狹小空間裡，恰巧容納一家規模或許稍嫌短小，卻充滿誘惑的免稅商店，不過我認為已經足以滿足我的購物需求。在這琳瑯滿目、令人目不暇給的糖果與餅乾陳列之中，感覺像是回到了童年的甜蜜糖果屋，內心如同一位滿懷好奇心的小孩，興奮無比，我自我告誡著，切莫沉湎於購物的快感，理智的提醒自己別買得太過份。因為我深知回到哥本哈根後，將會迎來更加豐富、更加令人陶醉的巧克力海，無庸置疑，哥本哈根的免稅商店是我即將踏入的巧克力天堂，那裡的誘惑以其繁複多樣的巧克力種類，口味的層次豐富，足以使人沉醉於無窮的巧克力海洋。因此，當我沉靜在免稅商店的靜謐時光中，深知自己需保持極度的克制，毅然僅挑選了兩件，一袋充滿童年回憶的 Kinder 和一盒飽含期待的 Moomin 餅乾。Kinder，帶著我重回兒時畫面，再現童年回憶，那牛奶巧克力的滋味彷彿是時光倒流的旋律，勾勒出我曾經歡笑的童年瞬間，每一口都是對逝去時光的召喚。而 Moomin 餅乾，則象徵著下一站芬蘭的搶先體驗。其精緻的包裝彷若一部童趣卡通正放映著，充滿著可愛和新奇的氛圍，等待著我在下一站芬蘭，探索其中蘊含的獨特風味與文化。

　　終於，我在候機室內靜靜的坐著，等待著這一刻該面對的離別，而飛機卻一再的宣告延誤，使得內心難以言喻的沉重逐漸升華為一股無法名狀的不安。機場的氛圍被這無情的延誤籠罩，凝結了歲月的沉重，每一秒都是一種艱難的等待，而飛機的延誤更是將心情推向一個無法捉摸的狀態。

　　而在這缺乏空橋的機場環境中，使得我們只能藉著徒步的方式，一步一步踏向即將搭乘的飛機。

　　穿越樓梯，進入機艙的瞬間，我的內心更是被拉扯得越發劇烈，這不可避免的離別時刻讓心靈承受了難以抑制的煎熬。最後，當我踏上那通往遠方的長梯，心中的思緒與情感在這漫長的行進中，彷彿成了一首散文詩，融入了飛機引擎的低鳴中，呼應

著離別的淒美旋律，步入機艙，我深深感受到這不可逆轉的離愁別緒，但每一步的踏實，都是對這遠方格陵蘭的深情禮贈。

　　隨著大夥兒的步伐，我銘記著排隊的一刻，當我踏上樓梯時，這一幕在我的心靈深處繪就了一幅動人的畫面，因而我特別請求爸爸幫我捕捉這美好畫面，以數張照片呈現。

　　一踏上飛機，我迫不及待的啟動了機上娛樂系統，同時打開了飛機前方的攝影鏡頭。不得不讚嘆，儘管格陵蘭航空在航空公司的規模未能擠身前幾名，然而其硬體設備以及螢幕畫質卻讓我感到十分滿意。這出乎預料的驚喜讓我不禁讚嘆不已，格陵蘭航空的航行體驗在機上娛樂方面竟達到如此令人驚艷的水準。機上的每一個設施，每一個細節，讓我感受到格陵蘭航空為乘客帶來的卓越，讓我對未來的航行充滿期待。

　　在飛機上，空服人員的貼心服務真可謂為整個旅途添上一抹輕鬆，當她們親切的端上飲品時，我心動不已，選擇了一瓶可口香甜的蘋果果汁。空服人員突然問道："That's it?"，她表示我可以現在多拿一些，於是我毫不客氣的又拿了一瓶令人快樂的零卡可

樂。

　　與此同時，我的爸爸也快速的挑選了一瓶零卡可樂和一瓶冰涼的礦泉水，然後將可樂親自遞給了我。原本以為平時不喝可樂的他是想嚐嚐那份氣泡的刺激，因此令我感到意外，但是後來他毫不吝嗇的將這份美味給我，或許這正是所謂家人之間無私，在那瞬間我好像領悟到深深的感觸。

　　與此同時，在飛行的途中，我身臨格陵蘭的冰封奇景，以上帝視角目睹那一片冰雪覆蓋的陸地，在這極地冰雪的映襯下，陸地上絢麗的冰山和山脈勾勒出一幅如夢如幻的風景畫，冰雪的晶瑩光澤映照著陽光，為大地披上一層閃耀的白色斗篷，宛如冰雪仙子的美麗面紗。而那些突出的山峰，彷彿是大自然雕刻的藝術品，矗立在冰原之巔，威嚴而又神祕。

　　更令我驚歎的是海上漂浮的浮冰，它們是大自然的鑰匙，打開了讓我通往奇幻世界的大門，告訴我自然是如此宏偉，讓我不禁感嘆大自然的奇妙。浮冰的形狀各異，有如藝術品般漂浮在湛藍的海面上，向著遠方延伸，猶如大自然的一場精緻的展覽。隨著飛行時間的滴答流逝，我們漸漸進入平流層，窗外的雲層不再妨礙視野，格陵蘭的景色盡收眼

底，而海上漂浮的浮冰宛如拔絲地瓜一樣的糖絲，延伸至遠方，彷彿我們的飛機被格陵蘭吐出的絲緊緊相連，這一切無聲訴說著大自然的偉大與奇妙，冰封之美，如詩如畫，成爲了我心靈深處難以磨滅的難忘印記。

在那難捨的窗外景色面前，美味的佳餚似乎已經失去了原有的光彩，這一盒沙拉通心粉，搭配著粉嫩的火腿，質地堅硬有嚼勁的麵包和一小包誘人的巧克力甜點，原本應該是一次美味的饗宴，卻在心靈的迷茫中顯得黯然失色。這些食物雖美味，卻再也無法填滿心中即將離開北極所引起的空虛，彷彿失去了味蕾對美好的感知。

隨著飛機穿越雲霧，期待的心情，像是被那一層不確定的霧氣籠罩，使得原本應該是愉悅與期待的時刻，卻變得沉悶而沉重，北極之旅的結束對於我來說，如同一幕不捨的告別，而飛機上的美食已無法彌補心靈空間中的缺憾。

　　我們即將踏上哥本哈根機場，接著搭乘芬蘭航空前往赫爾辛基，然而在這段旅程的交會之前，我不禁打開了在機場購得的可口零食。Kinder 巧克力的香醇口感帶給我無比愉悅的感受，或許是因為這裡的物價很高，使得每一口都是更加奢華的味蕾之旅。

　　而手中的卡通餅乾，可謂是可愛至極，內含著六至七種不同的圖案，每拿出一個獨特的樣式都如同抽籤一般，忍不住將不同的它們一一排列呈現。

　　飛機在我們吃光美食後的不久便迅速降落，由於登機時的延誤，抵達目的地的時間已是晚上八點二十分。然後，領取行李也耗費了一些時間，考量到隔天前往芬蘭赫爾辛基的飛機，將起飛時間訂為上午八點四十五分，而報到並託運行李的時間則定於清晨六點四十五分。因此我們選擇在機場過夜，巧妙的省去再次訂房的繁瑣步驟。這種冷靜而明智的選擇，不僅避免了在疲憊的狀態下再次應對訂房等瑣碎事務的煩惱，同時也讓我們有充足的時間休息，迎接接下來旅途的。

　　這個在機場過夜的夜晚，看似是一場穩妥而節省心力的策略，在未知的旅途中鋪平了一條順暢的路徑。當我們踏出接機區時，時刻已是晚上九點四十分左右，我們徒步尋找著芬蘭航空所

在的航廈。並在航廈櫃檯旁發現了一排可供平躺的簡易椅子，整理好行李後，我們輪流前往機場附近的便利商店，以解決晚餐的問題。

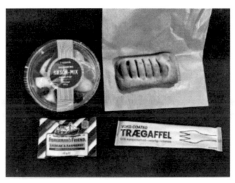

我個人選擇的是一份小份的熱狗酥皮麵包，再搭配一盒豐富多彩的綜合水果，整體而言，這樣的選擇足夠便利，確保了我們在晚間入眠時不會受到饑腸轆轆的困擾。

先前聽聞歐洲的治安情況，夜晚的入眠成為這趟旅程中最讓我煩惱的一點，整個半夜，我在椅子上翻來覆去，無法得到寧靜的休息。儘管已努力讓自己沉入夢鄉，但這似乎是一個極具挑戰的任務，大概在凌晨一兩點的時候，我決定放棄讓自己睡著的念頭，起身漫遊到其他航廈，也找到了唯一一家速食店。在灰暗的機場走廊中，我感受到一種特殊的寂靜，這是一種不同於平日繁忙機場的寧靜，感覺就像整個世界都沉浸在深深的夜色之中。漫步在空曠的航廈內，我看到燈光映照在門窗上，緩緩擺動的影子如同夜晚的詩篇，述說著一次次人們冒險的故事。

速食店的燈光閃爍著，透過微弱的光芒，給人一種隱密而安心的感覺。這段時間，人群相對稀少，櫃檯上僅有一兩位旅客，而座位上的人則孤單的享受著深夜的快餐。我以文盲的角度使用

自助點餐機，看著我不曾見過的文字和圖示，點了簡單的點心，一份薯條和起司條，試圖以美食來打發時間。

找了個角落坐下，我不再思索入眠的問題，而是靜靜的感受著這夜晚所獨有的靜謐和寂然。速食店的氛圍成了一種緩解焦慮和不安的庇護所，營造出一個可以安心與美食面對面、彌補旅途疲憊的空間，餐點送來時，薯條和起司條的香氣瀰漫在四周，與周遭的寂靜共同交織出一種無需言語的慰藉，讓我在夜的懷抱中找到了片刻的靜穆。

於是，我再度漫步至附近的便利商店，選擇了一杯自助裝盛的草莓奶昔。雖然在深夜進食或許帶有些許罪惡感，只是在半夜的哥本哈根機場，我實在難以想像還有其他更適合的消遣方式。大多數商店都已歇業，只留下零星的人們在機場來來往往，靜謐而空曠的走廊，是夜晚獨有的祕境。

機場裡彷彿是一個夢幻迷霧中的場景，悠閒與孤獨的氛圍在其中溢散，孤獨並非寂寞，而是一種與自己對話的清醒。在這安靜而空曠的環境中時間彷彿被拉長，我開始思索著這次旅行的種種，以及即將踏上的北歐之旅。

或許，這個寂靜的夜晚能給予我一些靈感，帶領我更清楚聆聽這陌生土地的低語、穿越思緒的迴廊。輕撫心中的管弦，讓深埋的回憶化作詩篇的序曲，賦予我一絲靈感的火花，帶領我在陌生土地中深度感知內心的共鳴，期許未來的冒險能夠如同夜晚的星光，在無垠宇宙中閃耀著屬於自己的精彩。

芬蘭行程的管家

　　清晨降臨哥本哈根機場，我們早已守候這個出發的起點整整一夜。此刻，我們懷揣著決心，急切的展開整理那龐大的行李箱，並開始整理那亂中有序的行李。將即將展開的北歐之旅所需生活物品與衣物，以有效率的收納方式，巧妙的集中於一個行李箱中，這個過程也讓我們迅速整理了前幾天在格陵蘭所使用的厚重外套和裝備，並將它們整齊歸納歸類至另一個行李箱中。

　　如此一來，我們只需攜帶著我們為這趟旅程設計的專用行李箱，就能輕鬆將短期內不會再使用的物品儲存於哥本哈根機場的行李寄存櫃中，讓旅程更加便捷無憂。考慮到我們在芬蘭、瑞典和挪威行程結束後將返回哥本哈根，這一明智的決策不僅可以減輕我們在歐洲街頭四處奔波的負擔，同時也為我們的旅程帶來了更多的自由，讓我們更能隨心所欲的探索這片美麗的北歐大地。特別是在那些充滿歷史沉澱的古老街道上，雖然鋪設著美麗的石板人行道，但對於行李箱的輪子來說，確實是一項艱難的挑戰。

　　我們在報到櫃檯附近不斷搜尋著行李寄存櫃，東找西找，就是連個指示牌都難以找到，我們彷彿是是在陌生異鄉迷路的遊客，一度感到有些困惑。終於，我們鼓起勇氣向機場工作人員尋求協助，才了解到行李寄存櫃實際上位於室外，需要穿越室外停車場才能抵達，我們按照指示前往了寄存櫃的位置，但可惜的是，可用的儲物櫃非常有限，只剩下一格空位，讓我們感到有些無奈。

　　經過一番深思熟慮後，我們最終達成了一項共識，只將一個

行李箱寄存在機場，並攜帶其餘的行李隨身。這樣，我們依舊可以輕鬆的探索新的目的地，也不必在旅途中扛著多個笨重的行李四處奔波。然而，在我們點選行李寄存櫃號碼的過程中，不得不面對一個困境，也就是我們發現櫃內最長存放時間被限制在短短的 24 小時內，而我們的需求是遠超這個時間範圍的。

　　爲了克服這一困難，我積極主動的上網查詢，發現行李寄存櫃的網站上明確標註著「最長可存放七天」的資訊。然而，這一發現引發了我們的深深困惑，隨後，我帶著疑問求助機場工作人員時，他們告訴我們可以在領取行李時支付餘下的款項，而現在螢幕顯示的選擇只是作爲預付款的一部分。就在我們迅速弄清楚這一問題後，準備前往寄存。不過，在前進的路上，不幸的事情發生了，從遠處看到其他人正在使用那個寄存櫃，這實在是一場不幸運的意外。但是很快的，我們突然轉念一想，這樣能將重要的物品隨身攜帶，會更加安心，也不必再擔心寄存付款的問題。這也算是一件萬幸之事。在未知的旅程中，每個轉折都可能帶來驚喜，讓我們更深刻的體會到旅行的真諦，儘管遭遇小小的挫折，還是懷著樂觀的心情繼續前行。

　　當我們等待報到資訊時，航班櫃檯的信息似乎一直未顯示出來，這情況引發了我內心的不安。我開始擔心，我們是否來到了錯誤的航站樓，或者我們可能錯過了某些重要的資訊，隨著時間的流逝，我開始專注於觀察和確認，試圖解開這個謎團。終於，在等待的過程中，我了解到了一個關鍵的事實，原來，這裡的申根區航班信息不同於我們平常習慣的早早就顯示出來。相反，會在離起飛時間前兩小時才被公布。

　　在這個繁忙的機場大廳，你可以看到人們專注的注視著巨大屏幕上的航班號碼，彷彿宇宙間最珍貴的祕密即將揭曉，每個人

都深怕一不留神就錯過了那個最佳排隊時機，必須被迫排在冗長隊伍的末尾，這種時刻感覺就像是開獎一樣，瞬間充滿刺激和期待。身處這個機場，你能感受到一種特殊的氛圍，置身於一個充滿不確定性的冒險中，當站在那裡，等待著你的航班信息出現在大屏幕上，你的心跳似乎也跟著那個秒針一樣，一分一秒的向前走，彷彿站得越近，優勢就越大。

　　當我在等待信息的過程中，我不禁注意到抵達這裡的旅客都紛紛使用自助報到機，這引發了我的好奇心。我決定嘗試自己操作一下這個機器，看看它到底有什麼神奇之處，這一嘗試不僅帶我深入了解現代旅行的無比便利，也為我呈現了科技所賦予的全新旅程。我發現機器的指示非常清晰，除了文字說明外還有生動的動畫示範，這種設計讓我感到非常貼心，即使是第一次使用，也能夠輕鬆上手。我跟著機器的指引，輸入了我的訂位代碼，然後它快速的核對了我的機票資料。接下來，我只需按照屏幕上的提示，放入護照掃描並取出行李標籤，然後將它們黏貼在行李上。整個過程非常流暢，幾乎沒有遇到什麼問題。

　　我仔細黏貼好所有的行李標籤，而後，櫃檯的報到窗口也很快開始了工作。在報到櫃檯區，我看到了排列整齊的旅客，當中紅龍將隊伍分為三類：已報到、未報到和自助報到。初初，我誤以為「自助報到」意味著使用報到機台報到之旅客，而由櫃檯工作人員協助託運行李。然而，當輪到我時，我驚訝的發現前面的旅客都是自己處理託運行李的，櫃檯空無一人，只有一台手持掃碼機。我只好硬著頭皮上前，嘗試自助處理。我專心觀察著前面一位男士如何操作自助報到系統，迅速學習並嘗試模仿，當輪到我們上場時，我專心觀察前方的情況，但臉上的擔憂神情似乎難以掩飾。幸運的是，這位男士似乎察覺到了我的情緒變化，展現出

極為善良的一面，主動停下來，選擇幫助我們學習如何操作自助報到機。我無法克制的表達了我的感激之情，他不僅僅協助我們完成手續，更是細心教導我們如何理解每一個步驟並自己動手執行，這種願意慢下自己腳步，耐心的與我們分享的態度，真的令人感到溫馨。

隨後，我們順利通過了安檢程序，前往登機口等待，迎來了這次北歐之旅的第二站——芬蘭，心中雖充滿了感慨，但內心仍然牽掛著那片遙遠的格陵蘭。當我們登上飛機，找到自己的座位後，倦意迅速襲來。

當下，我仍然堅持，心懷著一份特別的期待，希望能夠錄下這看似相同但對我來說卻格外重要的起飛瞬間，讓它成為這次旅程中一個珍貴的紀錄。我小心翼翼的拿出手機，調整好最佳的拍攝角度，等待著飛機準備起飛。

此刻，機艙充滿了興奮和期待的氛圍，每個旅客都在迎接這次冒險的開始，而我也在等待著捕捉到這特別時刻的畫面。飛機的引擎嗡鳴，機身漸漸滑向跑道，這一刻激情漸漸昇華為一種美好融入整個機艙。

當飛機輕輕離地，我捕捉到了這個特別時刻的畫面，起飛的瞬間被永遠的記錄下來，儘管疲倦快要壓倒我，但那份堅持和對旅行的熱愛讓我在影片錄製完成後，才終於安心的闔上眼睛，期待著醒來後即將迎來的北歐奇遇。

事實上，從哥本哈根到赫爾辛基的飛行時間相當短暫，由於前一天晚上未能好好休息，當我睜開眼睛時，我們已經在赫爾辛

基的上空飛行。令人遺憾的是，我錯過了芬蘭航空最著名的特色
藍莓汁，這是我期待許久的一個體驗，也知道無法在其他地方輕
易找到同樣的美味。儘管如此，我深知無法再改變這一遺憾的事
實，所以我選擇放下遺憾，繼續前進。

　　當我們下飛機後，繼續順著其他乘客前行，這一直是我在探
訪陌生地方的一個信念，相信這樣能幫助我們找到正確的路。由
於我們是由一個申根國家飛往另一個申根國家，所以無需經歷繁
複的海關程序，所有的手續都進行得非常迅速。當我們走到機場
出口時，我們馬上開始尋找地鐵站，計劃搭乘地鐵前往市中心。
一進站，我們立刻感受到它的整潔和親切，這裡有許多友善的工
作人員，他們樂意幫助外國遊客，對於我們來說，確實是一大福
音。他們的熱心指導和協助讓我們感到賓至如歸，也為我們的赫
爾辛基之行帶來了美好的開始。

地鐵車廂不斷的前進，從地下穿越到地面，當我首次瞥見芬蘭的景色時，讓我感受到了強烈的原始森林氛圍。這片森林，綿延著綠意盎然的樹木，濃密的樹冠構成了一片綠色的海洋，似乎無盡的延伸至天際線。樹木的葉片在陽光下透發著微光，讓整個景色如夢如幻。在這片植被中，自然的美麗綻放得如此自由和純粹，我們彷彿是時間的旅行者，穿越到了原始自然的深處，感受到了大自然的永恆和靈魂的寧靜。

隨著我們逐漸接近市區，風中飄揚的芬蘭國旗讓人感到激動不已。大約三十分鐘，我們抵達了市中心的中央火車站，下了車，發現市區有許多路面電車穿梭，它們在複雜的軌道上運作井然有序，這樣的景象在臺灣是難以見到的。赫爾辛基的市區呈現出了一種極具魅力的現代與古老的完美融合，街頭行人穿梭時尚而具風格，而建築物則保留著悠久的歷史色彩。

　　我們決定以步行方式深入探索這座迷人的城市，一路上，不斷被赫爾辛基獨特的現代魅力所吸引。市區的繁華和秩序令人印象深刻，無論是優美的公園、時尚的購物街，還是現代的建築，赫爾辛基都展現了一個現代都市應有的活力。同時，古老建築的存在為這個城市增添了獨特的魅力，歷史悠久的教堂、宮殿和市政廳，都在現代城市的背景下綻放著迷人的光彩。

　　之後，我們根據手機地圖提供的指示，前往赫爾辛基大教堂。途中，我們選擇順路經過埃斯普拉納迪公園（Esplanadi）。當我們漫步在公園內時，意外的發現了一座引人注目的銅像，它就是卡爾·芬內爾（Karl Fazer）。

　　卡爾·芬內爾是芬蘭著名的巧克力商人，他創立了芬蘭著名的巧克力品牌"Fazer"，並在芬蘭享有崇高的聲譽。這座銅像是對他卓越貢獻

的永久紀念，也成爲了 Esplanadi 公園的一個熱門景點，銅像旁聚集了許多遊客，他們紛紛停下腳步，拍照留念，細細欣賞這位芬蘭巧克力業的奠基人。雖然我們當時並不知道卡爾·芬內爾的完整故事，但這座銅像無疑散發著一種特別的吸引力，讓人不禁停下來，欣然投入這個文化之中，感受這位偉大企業家的遺產。

赫爾辛基大教堂是這座城市的一個標誌性建築，它的白色圓頂和壯觀的外觀令人難以忘懷，由於我們身上扛著龐大的行李，所以只能匆匆拍了幾張照片。儘管我們無法花太多時間在這個美麗的地方，但那一刻的短暫停留已足夠讓我們感受到它的壯觀和歷史故事，然後繼續前往下一個目的地，即集市廣場。

在戶外廣場上，攤販擺滿了各種水果，色彩繽紛的水果盛放其中，散發著誘人的色澤，看起來相當美味。此外，還有一些攤

販販賣著熱氣騰騰的薯條和各種美味的炸物，場面熱鬧非凡，連上空的海鷗也難以抗拒這美味的誘惑，紛紛停留偷吃了不少蔬菜與水果。

　　接著，我們進入了老農貿市場，這個室內市場充滿了各種令人垂涎的美食。我們決定品嘗了一道事先在網上調查過的熱門菜品——海鮮湯。這碗湯擁有濃郁的白色湯底，上面撒滿了新鮮的綠色香料，湯中則包含鮮美的鮭魚和綿密的馬鈴薯，每一口湯都帶富有海洋鮮味，濃郁的湯品和入口即化的馬鈴薯令人回味無窮。

　　當我們從老農貿市場的出口走出來，我們的目光立刻被一座壯觀的摩天輪所吸引，這座摩天輪是赫爾辛基的標誌性景點之一，我們當時沒有搭乘上去，只有站在港口遠遠的欣賞著這個令人著迷的地標。摩天輪的輪轂高高聳立，車廂在空中緩緩轉動，提供了壯觀的視角，讓人們可以俯瞰整個城市的美景，它的存在

為這個城市增添了獨特的魅力，是一個現代都市的象徵，我們在欣賞景色的同時，漫步至碼頭，準備搭乘詩麗雅郵輪前往瑞典的斯德哥爾摩。

當我們抵達郵輪碼頭時，天空已經開始下起了輕輕的毛毛雨，這些細小的水珠在空氣中飄舞，使得原本晴朗的天氣轉爲微涼。幸好，我們的目的地就在不遠處，我們的步伐加快，心中充滿了對即將開始的海上冒險的期待。到達碼頭後，我們迎來了一項現代化的衝擊，這裡的自助報到過程既高效又便捷。我們所獲得的票劵不僅是登船的憑證，還兼作感應式的房卡使用，這一切的設計都顯示出了對旅客細膩的考量和便利性。

進入郵輪，首先映入眼簾的是其華麗的大道，高高的天花板上投射多彩的燈光，照亮了整個空間。郵輪的內部裝潢豪華而精緻，每一處細節都透露出對品質的追求。從典雅的餐廳到寬敞的

觀景台，每一個角落都爲乘客提供了無與倫比的體驗。乘坐船內的升降梯前往住宿的樓層，非常幸運的是，電梯的對面就是我們的房間。

我們訂的是 Moomin 主題房，每個角落都充滿了 Moomin 的元素，它雖然不是最豪華的套房，但每一寸空間都被巧妙的利用，既實用又舒適。從小巧的窗台上，我們可以俯瞰大海，想像自己徜徉在海中，海風輕拂，帶來了鹹鹹的海水味道，讓人心曠神怡。在欣賞了房間後，郵輪開始緩緩啟程。

隨著郵輪緩緩啟程，我坐在窗邊，目不轉睛的凝視著港口的景色漸漸遠去。這龐大的船艦在離開陸地後，輕微的擺動帶給我一種前所未有的興奮感。海風透過窗戶吹進我的心中，帶著一絲

期待，彷彿預告著即將展開的海上冒險。

　　不久後，我邀請爸爸一同前往郵輪上的免稅商店，店內琳瑯滿目，從精緻的明信片到各式各樣的零食，每一件商品都讓人目不暇給。我們挑選了一些紀念品還有零食，將這趟旅程的點點滴滴凝結成可觸摸的回憶。

　　稍後，我們漫步至郵輪的賭場，那裡燈光閃爍，機器聲響個不停，但對於賭博的規則我實在是一知半解。於是，我們僅僅在那裡逗留片刻，就繼續我們的探索之旅。

　　晚餐時分，我們預定了船上的自助餐廳，這裡的食物雖然不能稱作頂級美食，但種類繁多，足以滿足不同乘客的口味。從新鮮的沙拉到熱騰騰的主菜，每一道菜都讓人感到飽足而滿足。

　　飽餐一頓後，我們開始在郵輪上四處探索，這艘豪華郵輪擁有各式各樣的娛樂設施，從閃亮的游泳池到宏偉的表演廳，再到各式各樣的酒吧，每一處都充滿了樂趣和驚喜。在探索過程中，我們不僅感受到了海上旅行的魅力，更對這艘船的奢華和精緻深感驚嘆。在經歷了一整天充滿探索和驚喜的旅程後，我們的腳步漸漸放慢，感受到了旅途的疲憊。郵輪上的每一處角落，無論是閃爍的賭場、熱鬧的泳池，還是華麗

的酒吧，都留下了我們的足跡。

隨著夜幕降臨，郵輪上的燈光點亮了漸漸昏暗的海洋，猶如浮動的星辰。我們漫步回到了自己的房間，透過窗戶可以看見外面遠方的天空呈現出奇妙的色彩，從淺藍到金色，再到粉紅和紫色，如同畫家的調色盤。這一刻的美麗，讓人不禁對這次海上之旅充滿了期待。

房間裡，我們將一天的疲憊洗去，準備好迎接第二天的新挑戰，明天一早，我們將開始在瑞典的探險。我心中充滿了期待，想象著那些神祕的北歐風景和獨特的文化體驗，這是一次關於探索未知、體驗新奇的旅程，每一步都充滿了新鮮和期待。

在輕柔的海浪聲中，我漸漸進入夢鄉。夢中，我已經開始在瑞典的街頭漫步，感受著那裡的歷史和現代交織的魅力。這趟旅程不僅是一次體驗過夜遷移，更是一次心理的滿足，讓人心情舒暢，期待著明天的曙光。

知性斯德哥爾摩

　　經過一夜恬淡的睡眠，我們在那艘郵輪上對於微妙的搖晃感到格外麻木。清晨八點半，陽光透過舷窗灑落，溫暖了我們的臉龐。當我們在舒適的艙房內醒來時，除了微弱的引擎震動，我幾乎感覺不到船隻正在行駛，我看了眼手錶，興奮的意識到我們即將抵達下一個目的地。一種難得的悠閒和興奮感油然而生，我們知道，大約在十點鐘，郵輪將抵達迷人的斯德哥爾摩。

　　昨晚睡前，我們已在船上利用手機搜尋，看到斯德哥爾摩的旅遊介紹，得知這座在北歐的城市有著悠久的歷史，保留了中世紀風貌的老城區。考慮到這座城市豐富的美食文化，我們決定跳過郵輪上的自助早餐，為了品嚐最道地的佳餚而保留胃口。我迫不及待想要親自步入這座美麗城市的大街小巷，欣賞各式各樣的歐式建築風格，像個探險家般發現最令人驚豔的景點。

　　整理好行李後，我們來到甲板欣賞斯德哥爾摩的全景，天空中有幾縷雲朵飄浮，陽光灑在岸邊的房屋上。當船逐漸接近碼頭時，廣播系統響起通知，提示旅客準備下船的步驟。興奮之下我們決定迅速整理手提行李，準備在郵輪停靠後馬上離船，以爭取更多的時間探索這座魅力城市。我們心中激盪著對未知世界的渴望，就像兩匹剛脫離馬廄的野馬，焦急等待大門敞開的那一刻。

　　郵輪慢慢靠近碼頭，船上的廣播聲中似乎是在叫醒我們內心等待釋放的靈魂。我們背著輕便的背包、拖著行李站在下船處，眺望著窗外高掛挺拔的瑞典國旗在風中飄揚。當第一道郵輪大門緩緩開啟，我看見在不遠處，碼頭上也迎風飄揚著詩麗雅郵輪的

旗幟，在向我們招手致意。

　　我們沿著人行道走向郵輪碼頭的正門，清澈的海風迎面拂來，在出口處我注意到幾個旅行團正在聚集乘車，導遊手舉著團名牌笑容可掬的指引遊客。我們詢問了位置後很快找到前往市區的空橋，幸運的是，清晰的指示牌讓我們輕鬆辨認方向，順利離開碼頭，前往至市中心的交通工具搭乘處。

　　一踏上斯德哥爾摩的土地，我們立刻被面前景致深深吸引，岸邊停泊著其他豪華郵輪，在陽光下閃閃發亮，回頭望去，我們乘坐的詩麗雅郵輪那壯觀景象仍然令人難以忘懷。我們朝著碼頭的出口走去，打算乘坐地鐵前往市中心，幸運的是，清晰的指示牌讓我們輕鬆找到了方向，沒有任何迷路的困擾。

　　在前往 GÄRDET 地鐵站的公車上，我們遇到了一個令人印象深刻的小插曲：一個小家庭，其中兩個年約三至五歲的幼童自己拉著一小型行李箱，沒有家長的幫助。這一幕讓我深思北歐教育的真諦，特別是父母對孩子的獨立性和責任感的培養。

　　我從空橋對外望去，街道兩旁整齊的建築襯托著中央廣場的

大理石雕像。路面上的公車在一棟玻璃頂的巴洛克風格建築前停靠，乘客們下車後沿著有軌電車的鐵軌步行。七月的斯德哥爾摩，天氣依舊令人愉悅，我深深呼吸著清新的空氣，陽光下的世界如此生機盎然。

抵達地鐵站後，我們在閘門處購買了前往中央車站的票，一台黑得發亮的零食自動販賣機馬上吸引了我的目光。對於北歐物價的好奇驅使我仔細比較販賣機上每種飲品的定價，一瓶660毫升裝可樂要價三十二瑞典克朗，相較於此前造訪的丹麥、格陵蘭和芬蘭等地，這裡的物價似乎顯得稍稍平易近人。

在地鐵列車上，我從車廂內欣賞著每個車站獨特設計的風格和天花板裝飾。與臺灣捷運站的瓷磚地板和統一的視覺效果截然不同，在這裡每一個地鐵站都展現出鮮明特色，巧妙的空間利用和質感變化為旅程增添了許多樂趣。當下，我抱著一絲好奇心想，這些巧思是否來自某位富有想像力的車站設計師，或者是整個瑞典政府團隊激盪產生的點子呢？無論那個創意的源頭是何人，這種對生活美學的追求確實令人印象深刻。

到達中央車站後，我們輕鬆找到站內的行李寄存處，整個區域整齊排列著大小不一的儲物櫃，每一排櫃子都嵌入了一個小型顯示屏。櫃檯旁的接待人員彬彬有禮的為我們說明操作方式，我們只需利用觸控螢幕選取合適尺寸的儲物櫃，按下確認後櫃門便會自動彈開。使用寄存儲物櫃讓我們能輕裝上路，專心投入城市

漫步的樂趣，我用手機拍下存取櫃時得到的密碼號碼，知道稍晚只需以這串數字便可輕鬆順利取回行李。這般便利又貼心的設施，讓旅行的體驗更添精彩。

走出車站大廳，迎面而來的是明亮陽光和二隻活潑可愛的鴨子。牠們似乎十分習慣人群，自在的在車站廣場上悠閒散步，一點也不怕生。我忍不住蹲下身想更靠近牠們，伸手試圖逗弄，卻讓鴨子飛快的退開老遠，爸爸在旁哈哈大笑，調侃我連小鴨子也能玩成這樣。我站起身四處張望，發現火車站正面巨大的方形窗戶有如一面巨型鏡子，反射著天空和遠方的都市景觀。趁著小鴨尚未離開，我讓爸爸幫忙用廣角模式拍下我與這對小精靈在中央車站的合照。

卸下行李的輕鬆讓我們能暢所欲言討論下一步，我滿懷期待把地圖打開，與爸爸研究想造訪的景點。在遙遠的臺灣規畫此行時，我已盡量收集各式旅遊資料並標記在地圖，終於身歷其境的這一刻，血液中流淌著探險家的基因正沸騰起來，渴望投入這座城市的冒險漩渦之中。在斯德哥爾摩這個充滿故事的城市，我們的旅程繼

續著，首先帶我們來到離火車站不遠的一座古老教堂，作爲這次旅程的第一站。這座建於 1723 年的 St.Clara 教堂，以其嚴謹依比例的紅磚矩形外觀，和高高聳起的尖塔，在周圍現代建築的環抱下格外醒目。

走近時，我發現教堂的磚牆布滿了歷史的痕跡，有些地方的紅磚邊角已被風化磨平。教堂正門上方雕刻著 "FRID UARE EDER" 的字樣，意思是「平安與你們同在」，我推開沉重的木門走入，迎面而來的是一股混合磚瓦、木材以及厚重時光的氣息。這裡的一切都散發著歷史的重量，每一塊石磚似乎都在低聲訴說著曾經的輝煌，當我們站在巴洛克式大理石台前，不禁爲這座教堂的莊嚴和神聖所震撼。

教堂內部更是一番景象，抬頭仰望圓形穹頂內部精緻的聖母升天壁畫，再向下是整面牆大型馬賽克，描繪著耶穌受難的場景。左右兩側牆上也掛滿了講述聖經故事的巨型油畫，這些精美的宗教藝術品融合了北歐人對於神聖性的嚴謹態度以及對美的不

懈追求。離開 St.Clara 教堂後，我們沿著熱鬧的步行大街而行。兩旁精品店林立，櫥窗內盡展北歐設計師的鬼才想像。遠方傳來悠揚的教堂鐘聲，我情不自禁跟隨著鐘聲節奏哼唱起某首熟悉的古典合唱。腳步匆匆，我來到一片廣闊的開放空間，原來我們已抵達斯德哥爾摩的心臟——Sergels Torg 廣場。

這個廣場不僅是斯德哥爾摩重要的交通接駁點，更是現代與歷史交匯的空間。廣場旁矗立著一座的晶瑩剔透玻璃高塔噴水池，尖頂上有如一把直衝藍天的玻璃鏢，彷彿是一面現代藝術的鏡子，映照著周圍建築和天空的景色。跑到噴水池旁的圓環高架馬路，身旁車水馬龍，還有北歐式低矮屋頂形成的海洋。路燈、行道樹和外牆色彩構成一幅帶有節奏美感的畫布，而我正站在這片色彩交織的中心。回到廣場上，四周環繞著形形色色的現代建築，以及幾棟古典風貌的三四層樓房子，街道和廣場之間並無過渡，整個城市像個大型的開放式博物館。行人、公車和私人轎車在這裡自然交織。四周的咖啡館和商店為這個地方增添了無限的活力，來自世界各地的遊客和當地居民在這裡相聚，享受著陽光和熱鬧。我發現自己正站在北歐流行咖啡店 Espresso House 的正門前，循著香氣走入店內，迎面而來的是數十種精緻糕點和新鮮出爐麵包的誘人氣息，我花了一點時間思考要點哪些當作早餐好，最後選了一個酥脆的可頌麵包、一塊覆滿黑巧克力豆的杯子蛋糕，以及一杯熱門的咖啡，看著店員將精美包裝的甜點放入紙袋，我接過時迫不及待拆開一角偷嚐。酥脆的杏仁和香濃奶油味滑過舌尖，驅走了城市漫步中的一絲疲憊。

　　在甜點的溫暖陪伴下，我來到國王花園廣場上。人們在此聚集或休憩，孩子們在廣場上奔跑嬉戲。我坐在廣場一角，啜飲著熱拿鐵，看著面前巍峨聳立的

卡爾十三世雕像，他身穿皇族服飾、手持船錨，神情威嚴的矗立在廣場中央。四個角落則陪伴著忠心耿耿守護的獅子石像，這些威武雄壯的愛獅靜靜伏臥在基座上，雙眼警惕地注視四方，似乎隨時準備保衛國王與國土，在藍天下交錯挺拔，為整個空間增添了歷史氣息。我喝了最後一口拿鐵，將紙杯投入腳邊的垃圾桶，走上石階來到銅像正面，細膩的觀察這偉大的人物。我拿出相機，對準雕像進行拍攝，這座造型精美的銅質雕像栩栩如生的呈現了當時國王英姿，神情自信的凝視遠方，此刻就像當時他率領國家走向繁榮富強的英明君主之時。

　　我們接著前往了斯德哥爾摩王宮，這座坐落於城市中心的建築，以其獨特地理位置和壯觀的外觀，展現出王室的地位和氣派。王宮的外牆上雕刻著精緻的浮雕和石柱，每一個細節都透露出歷史的豐厚，走進王宮內部，我們被那高聳的圍牆、巨大的拱門和大理石地板所震撼。彩繪的天花板和壁畫展示了皇室的奢華，讓我們在這個宮廷氛圍中深深感受到了歷史的重量。

經過看似沉重的雙扇大門，我正式踏入這座有數百年歷史的神聖空間。走近欣賞巴洛克風格與現代融合的宏大宮殿建築，我覺得彷彿置身十八世紀，成為了帝王將軍的來客。這建築匠心獨具，極盡奢華之能事，並未因年月流逝而褪色。走進內部，我看到精緻的壁畫描繪著北歐神話，地板和桌几上的紋飾華美絕倫，穿過富麗堂皇的空間，陽光透過灑滿斑斕光影的玻璃窗，我不禁想像這裡究竟曾舉辦過多少盛大宴會和皇室活動。

　　出了王宮正門，我來到斜對面的歷史建築群前合影留念。走過幾條小巷，我發現自己正站在斯德哥爾摩大教堂外，面對著這座坐落於群島之中的宏偉建築。眼前一座莊嚴威肅、氣勢恢宏的教堂展現在我面前，這裡的建築群幾何外形嚴謹，正面中央高大石柱林立，熠熠閃耀，令人驚嘆。我慢慢穿過中廳，一邊欣賞著壁龕裡的塑像以及精妙絕倫的管風琴。

　　離開閃爍的皇室寶藏地帶，我繼續沿著蜿蜒的小巷漫步。不知不覺間我來到一片被建築包圍的露天廣場，看著其他旅人點了一杯色彩鮮豔的水果味冰沙，坐在簡樸的木桌前欣賞風景與談天。斯德哥爾摩的建築即使在千年之後，似乎依舊流露出一種樸素的美。

　　沿著街道走去，我們來到了一條充滿活力的商店街，這裡的建築風格瀰漫著濃厚的歐洲味道，櫥窗內陳列著各式迷人的商品，引人駐足。

　　我們的腳步隨後帶我們來

到諾貝爾博物館，這座外觀端莊典雅的建築內部藏有豐富的知識力量，我們在這裡了解了物理、化學、醫學等各領域諾貝爾獎得主的貢獻。尤其令人印象深刻的是在博物館的一個空間中，天花板上懸掛著得獎學者的照片和名字，它們在滑軌上緩慢滑動，彷彿是智慧的河流，讓人們能夠欣賞到這些學者的偉大成就。

在參觀完諾貝爾博物館後，我們的胃口已被激起，想在廣場上尋找美食，發現了許多提供各種美食的餐車，從熱狗到炸物應有盡有。然而，我們最終決定嘗試當地市場的魚湯，以有限的胃容量尋找更加地道的口味。

穿過古老的拱門時，突然，我們聽到鼓聲，跟著聲音我們發現了一排身穿深藍色衣服、戴著白色帽子的衛兵在列隊行進。他們的嚴肅和威嚴讓人印象深刻，手握長槍的景象振奮人心。

衛兵儀式結束後，我們正式回到前往 HÖTORGS HALLEN 的路上，享用當地著名的魚湯 Kajsas Fisk。這裡的魚湯味道獨特，蕃茄蔬菜的濃湯底上點綴著一層濃郁的奶油，與芬蘭的魚湯截然不同。

午餐後，我們在市場內漫步，發現了許多售賣各式美味起司和肉類的攤販，這些異國風情讓我們感受到了一種與臺灣市場截然不同的魅力。

　　路程中路過一家的紀念品店，我們購買了達拉木馬和獨特的胸針，這些紀念品將永久保存我們在斯德哥爾摩的美好記憶。走出街道，我雙眼放空，任思緒隨風飄散，我想也許這就是北歐的魅力吧！等我回過神來，已經下午一點多。還沒有去參觀之前特意標示在地圖上的地標博物館呢！於是我匆忙打開交通即時資訊，打算搭上離海港最近的一班公車，前往位於斯德哥爾摩北部島上的瓦薩博物館。

　　在前往公車站的路途中，發現距離我們所在位置確實有些遙遠，但幸運的是，斯德哥爾摩的街頭提供了一個新奇的交通方式——共享滑板車，這是我們第一次嘗試這種現代都市的代步工具，藍天白雲下，我們騎著電動滑板車在街道上輕巧的穿梭，彷彿開啟了一段小型城市冒險。在斑馬線前停下，我們感受到了這座城市的脈動，遠處車流不息，電動滑板車的嗡嗡聲和路面輪胎摩擦的聲音交織在一起，編織出一首現代都市的交響曲。

　　不久，我們來到了瓦薩沉船博物館，這裡像是另一個世界。在昏暗的燈光下，一艘巨大的十七世紀木製戰船映入眼簾，其壯觀的姿態彷彿在靜靜的述說著一段歷史。這艘船，宛如時間的囚徒，被困在巨大的展廳中，當我們環繞著這艘船，可以明顯感受到每一步下的歷史回聲，船身上的雕刻細節在燈光的襯托下栩栩如生。考古學家們能將這歷史遺物如此精準完整還原，並以博物館的方式呈現給現代觀眾，使我驚嘆於此。

　　我繼續從不同高度繞著戰船緩步欣賞，內心不禁油然升起對當年航海勇士的敬佩之情，這些開拓荒野的先驅，是多麼渴望發現新世界的無限可能。為開拓新貿易路線航行千里，即使面對巨大風險也從未退卻，通過探索這艘沉靜的沉船，開始反思人性中的勇氣與韌性，或許他們早已看透生命的脆弱，卻依然選擇擁抱每一次冒險的可能，航海家正因懷抱這般憧憬與追求，在這裡顯得高尚且美麗。

　　在回程上，我無意中看到戶外一排歐式風格的紅色公共廁所，引起我濃厚興趣，尤其是門口的附有刷卡支付設備。意想不

到斯德哥爾摩的公廁竟然如此注重科技和人性化，這讓我們感到有些驚奇，也反映了這個城市對於公共設施便利性的追求。

我好奇停下來，轉頭向當地乘客觀察這個刷卡廁所的使用方式，一位和藹的老先生正好在我前面示範，爾後才得知這款公共廁所是當地人習以爲常的設施。

隨後，我們決定步行回到中央車站，沿著風景如畫的水岸漫步，路邊的攤販和海上餐廳為這條街增添了無限的活力和色彩。儘管天空中偶爾飄來一些烏雲和小雨，但這並未改變這座城市的魅力，斯德哥爾摩的大街上，人們談笑風生，汽車穿梭，建築工地上的工人們積極投入到城市的建設中，這一切構成了一幅生動的都市風景畫。

　　我們最終走回了中央車站，這個擁有豐富歷史的交通樞紐，既是我們斯德哥爾摩之旅的起點，也是我們告別這座城市的終點。站在月台上，等待前往機場的巴士，我們的心中充滿了對這次旅行的回顧和對未來的期待。在等待列車的過程中，我默默回顧這一天的景象，發現自己看到的不僅是各種建築或景點，更是這北歐城市生命裡所蘊藏的歷史記憶與當代活力，我曾期待這趟旅程能讓我對外面的世界有更深的領悟，現在回望斯德哥爾摩，我確實發現了一些內心的珍貴體悟。

　　這座城市有著悠久傳承卻不失時尚，具備開放、包容、互助與友善，街道既注重實用，又追求審美；建築既保留歷史印記，又不乏創新技術。這種理性與情感並存的態度啟發了我，一個國家、一座城市乃至一個人，都需要在傳統價值與當代意識間尋找平衡。旅行讓我學會用更寬廣的視野看待世界，也讓我更清楚自己內心的聲音，斯德哥爾摩之旅即將落幕，但它帶給我的思考和體會會伴我很久很久，我也相信這座城市的魅力也會永遠流淌在我心間，直至有朝一日再度拜訪。

　　隨後，我們登上了飛往挪威斯塔萬格的飛機，當飛機緩緩滑行在跑道上，我們的心中充滿了對這片神祕北國的渴望。飛行中，當飛機穿越層層雲層，我們被窗外的景色所吸引，從高空俯瞰，我們看到了挪威的壯麗風光，這片由陸地和水域交織而成的

美景，讓我們對大自然的奇妙之處感到敬畏。

　　降落挪威後，夕陽的餘暉灑在機場的跑道上，猶如一場溫暖的歡迎儀式，即使已是深夜，但北國的太陽仍然高掛在天空，照亮了這片土地。我們從斯塔萬格機場出發，乘坐巴士前往 Radisson Blu 飯店，途中窗外朦朧的景色讓我們的心情更加期待。到達飯店時，夜色已深，但我們對即將到來的挪威探險充滿了期待。

斯塔萬格的領悟

　　當清晨的第一道陽光照耀在挪威斯塔萬格的 Radisson Blu 飯店時，我們正準備踏上一段令人難忘的旅程，探索壯觀的聖壇岩（Preikestolen）。這間位於迷人 Breiavatnet 湖畔的飯店，為我們提供了一個完美的起點。在餐廳的大型落地窗前，我們不僅可以一邊享用早餐，一邊欣賞外面湖泊的湛藍與周圍綠意盎然的樹木，還能感受到窗外陽光的溫暖和活力。

　　早餐是一頓豐盛的饗宴，首先映入眼簾的是金黃色、烤得恰到好處的小番茄。它們的外皮微焦、酥脆，裡面則是多汁且略帶甜味的果肉，讓人精神為之一振。北歐特色的麥片和奶酪品種繁多，讓人目不暇給，其中最令我難忘的，是那頂著草莓和覆盆子醬的優格麥片，其酸甜的莓果味與濃郁的優格完美結合在麥片上，既健康又美味。

　　當然，早餐的重點是品嚐當地的招牌美食——挪威鮭魚。這些鮭魚肉質細嫩、新鮮，搭配上烤馬鈴薯，讓整個氣氛如同在豪華餐廳中用餐。這頓早餐的美味不僅超出了

我們的預料，也為我們即將開始的探險旅程注入了活力與期待。我和我的爸爸，也是我最親密的旅行夥伴，正坐在這裡，享受著一頓豐富的早餐。爸爸坐在對面，一邊大口品嚐著各式各樣的麵包、火腿、熱狗和新鮮的水果，一邊對我說道：「這些是在臺灣品嚐不到的挪威風味，絕不能錯過！」看著他滿足的表情，我不禁感染了他的快樂，深刻體會到旅行中的每個微小時刻。

飽餐一頓後，我們跟隨 Go fjords 公司的行程，從飯店出發，開始了向聖壇岩的旅程。沿途的景色變化多端，從荒涼的山路到世界上最長的海底隧道，這條長達近 15 公里的隧道讓人感到既新奇又神祕，坐在車內，透過窗戶看向漆黑的隧道，只有岩壁上的燈管勾勒出的輪廓。

這種在地底下行駛的感覺，既刺激又充滿幻想，我忍不住想像，如果有人在這裡真的遇到緊急情況該怎麼辦，雖然這似乎不太可能，但我的大腦還是自動生成各種電影式的場景──爆炸、火災、車禍……如果真的發生這些事，該怎麼保護自己？該往哪個方向逃生？這條隧道有緊急出口嗎？各種問題在我腦海中盤旋。但我很快就拉回現實，相信這個已安全運行了 20 多年的隧道。

我與爸爸分享了剛剛的這些念頭，他笑著回應：「怎麼可能嘛！」我們都笑了，想著的確是這樣，這世界上已有太多科技產品服務人類超過幾十年，證明了它們的安全可靠性。比如飛機、火車，也有上百年歷史，因為專業人員的維護與更新，它們的安全性不斷提升。

人類的科技確實進步神速，我應該放心，更加信任這條世界最長的海底隧道和工作在這裡的專業人士，思考及此，我渾身輕鬆了許多，更加享受起這段刺激又安全的海底之旅了。當我們在

清晨的微光中抵達了聖壇岩的登山口，一股探險的興奮在我和爸爸之間流動著，我們原本計劃在登山口旁的商店補充一些必需品，但由於我們搭乘的是當天最早的一班車，商店還未開張。這個小插曲並沒有影響我們的好心情，我們帶著期待和輕鬆的步伐，開始了向聖壇岩的行進。

　　一開始，路徑平坦而寬闊，我們邊走邊聊，談論著這次旅行的期待和過去的趣事。路旁的植被豐富多彩，遠處的景色讓我們時不時停下腳步來欣賞，然而，隨著我們逐漸深入，小徑開始變得陡峭且充滿挑戰，兩旁的路面由岩石構成，我們必須更加小心翼翼的攀爬，生怕一不留神就會滑倒。

　　經過一段令人稍感吃力的攀爬後，一片綠油油的樹林突然出現在我們面前，就像沙漠中的綠洲一般，我們加快腳步穿過這片樹林，享受著樹木帶來的涼爽和清新空氣，深呼吸中，樹木的芬芳似乎滲透到了我們的心靈深處，讓我們精神為之一振。

　　穿梭在樹木之間，時而能透過林間的空隙，遠眺到湖泊的一角，湖面上波光粼粼，宛若一面巨大的鑲嵌著綠寶石的鏡子。隨著我們逐步深入這次向聖壇岩的登山征程，我開始感到走起來有些喘，於是，我轉頭看向爸爸，他似乎仍然充滿活力，毫無停歇的意思。感受到自己的身子開始有些流汗，我提議在一塊平坦的大石頭上暫時休息，把外套收起。我們坐下，仰望著蔚藍的天

空，周圍是連綿起伏的山巒，遙遠的山峰在天際線上勾勒出一道道波浪般的輪廓。

　　爸爸從他的背包中拿出一瓶剛在山下裝的水遞給我，我大口的喝著，感受到山泉水的清涼，它似乎瞬間驅散了我體內的疲

憊。我不禁感嘆：「這裡的視野真是太棒了！」爸爸點點頭，表示同意。他說：「這條登山路很有特色，沿途的風景和地形多變，感覺每一步都充滿了新鮮感。而且經過前幾天在格陵蘭的健行，這裡相對容易許多，真的很期待等會兒到達聖壇岩上的那一刻。」

我們抬頭望向前方，路途雖然還有一大段，但心中的興奮和期待已讓我們忘記了疲憊。在我們的談笑聲中，時間彷彿流逝得更快，我們重新振作精神，繼續向聖壇岩的頂端前進，每一分一秒都更接近那令人期待的終點，我們滿懷希望向著聖壇岩的壯闊景觀邁進。

我們又爬了大概半個小時，隨著太陽在天空中逐漸升高，光芒灑在我們身上，感受到了早晨的溫暖，山路也開始變得平坦。不久，一塊巨大的岩石映入我們的眼簾——那便是著名的聖壇岩。

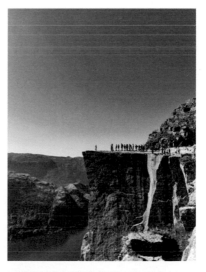

當我們加快步伐，終於來到這個大自然的奇跡前，我們被眼前的景象所震撼，聖壇岩寬廣無邊，某些部分覆蓋著厚厚的苔蘚，看起來宛如一座被自然雕塑的祭壇。岩石上已經有許多其他遊客在漫步、休息或拍照，其中一隻黑白色的狗伴著它的主人爬到了岩石的頂端，興奮的汪汪叫著，彷彿也在為這壯觀的景色歡呼。

我和爸爸彼此對視一笑，我們的眼神中充滿了興奮和喜悅，這一瞬間，所有的疲憊似乎都煙消雲散。我們走到岩石邊緣，小

心望向下方，眼前是一片廣闊風景、空氣清新、視野開闊，讓人有一種站在世界頂端的感覺。攀登至聖壇岩的頂部後，我不禁被眼前的景色所震撼，站在這裡，我抬頭望向岩石的另一側，被邴廣闊、蔚藍色的呂瑟峽灣和陡峻的山坡所吸引。

　　這裡的山巒平坦，裝下整片峽灣，像是一幅令人驚歎的自然畫紙的邊線。我感到自己被大自然完全包圍，我忍不住拿起相機，希望能捕捉這無與倫比的景色。風輕輕拂過臉龐，陽光灑落在皮膚上，我深深吸了幾口冰涼的空氣，雖然來到這裡並不輕鬆，但同時也因為有機會親眼見證這樣的景色而感到無比幸運。我轉頭看向爸爸，發現他也正沉浸在這遼闊的景色中，臉上洋溢著幸福的笑容，我們之間沒有言語交流，但彼此的眼神和表情似乎在默默分享著同樣的感動和喜悅。在此，我們與大自然建立了一種特殊的聯繫，一種共同擁有的關係。

站在挪威聖壇岩之巔，我們沉醉於這片絕美的風景中，幾乎忘了時間的流逝。我們在這裡停留了大約半個小時，不僅欣賞這令人屏息的景觀，也聆聽了其他遊客分享他們的故事和感受。在這些片刻裡，一位先生說的話特別引起了我的注意，他講述了他多年來對聖壇岩的嚮往，以及今天終於實現了這個夢想的感動。聽完他的話，我不禁為他感到高興，同時也深刻理解了聖壇岩對旅人的魅力，在聖壇岩上的每一刻都是一種身心的釋放和享受。

　　最終，我們帶著不捨的心情，開始了折返的旅程。走在回程的路途比來時還要更加愜意，我們經常停下腳步，細細品味沿途的美景，從小徑上遠眺呂瑟峽灣，我們又見到了全新的景色以及大自然的多樣性和魔力，使得每一步都充滿了新的發現，每一個轉角都展現出前所未見的美麗。

隨著聖壇岩之旅的完美結束，太陽已經緩緩攀升至正上方，我們帶著一天的豐富經歷返回斯塔萬格市區。在陽光的陪伴下，車子平穩的停在了 Radisson Blu 飯店前。下車時，我們周圍的旅客們都在熱烈的討論著他們的冒險經歷，空氣中洋溢著興奮和喜悅的氛圍。我們回到飯店的大廳，先在那裡稍作休息，整理了一下自己身上的衣物，並且換上了舒適的衣裳，這讓我們瞬間放鬆了許多。隨後，我們走向了酒店的自助吧台，那裡有著簡單的美食選擇，我們邊品嚐美食，邊興奮的回顧著白天的所見所聞。

　　飯店的服務非常周到，我拿了一杯清涼的氣泡水與一顆西洋梨，觀賞著杯中冒出的濃密氣泡，感受著氣泡水與西洋梨相結合的清爽口感，既消暑又令人心情愉悅。與此同時，爸爸則開始品嚐他昨天購買的可口零食──由巧克力醬和爆白米製成的精緻小點心，香濃的巧克力裹著飽滿的米粒，每一口都是滿足的享受。

　　在享受完這頓美味的點心之後，我們感覺一天的疲憊煙消雲散，在享受完 Radisson Blu 飯店的舒適和美食後，我們決定深入探索斯塔萬格市中心的魅力。午後的城市生機勃勃，街道上熙熙攘

攘，充滿了探險和發現的機會。我們的第一站是一個熱鬧的市集，那裡充滿了五彩繽紛的攤位，擺放著各式各樣的工藝品、當地特產，以及誘人的街頭小吃。

　　走在市集中，我們被琳琅滿目的商品所吸引。爸爸特別指出了一頂有趣的毛線帽，上面繡著聖誕老人駕駛雪橇的圖案，不僅

保暖還散發著濃厚的北國風情。而我則被一家手工藝品攤位所吸引，那裡陳列著形狀和顏色各異的飾品，它們在陽光下閃耀著金色的光芒，像在展示著挪威的故事和文化。

每一個攤位都有著自己獨特的故事，每一件商品都是藝術家的心血結晶，漫步在市集中，我們彷彿穿梭在一個充滿創意和熱情的世界，每一步都充滿了新鮮感和驚喜。

在探索完斯塔萬格市中心的繁華市集後，我們沿著蜿蜒的街道一路走到了港口邊，那裡，我們發現了一排排風格迥異的餐廳，它們緊鄰著海港。這些餐廳的外觀各具特色，斜屋頂的房子並鄰，每家店面裡都光線通明，熱鬧非凡。從傳統的挪威風格到現代的設計，每一家都有其獨特的魅力。歡聲笑語在這些餐廳間回盪，與午後的海風交織在一起，創造出一幅小鎮獨有的生動畫面。

我們繼續漫步，從海邊走到了斯塔萬格的老城區，這裡的街道上鋪著深灰色的石板，每塊石板都能看出古老的故事。街道兩旁矗立著歷史悠久的建築，它們的外牆因時間的流逝而顯得斑駁，卻依然散發出不朽的魅力。隨著太陽逐漸落下，街道上的光影交錯，為這些古舊建築蒙上了一層柔和且迷人的金色光暈。

走在這條街道上，我們彷彿穿越了時空，回到了幾個世紀之前的斯塔萬格，周圍的一切都是那麼靜謐而又充滿故事感，讓人不禁陶醉於這古老城區的魅力之中。在斯塔萬格老城區的漫步中，我們意外的發現了一家熟悉的便利商店，櫥窗中展示著各式各樣的冰淇淋，令人垂涎。在這溫暖的午後，冰淇淋無疑是完美的解暑佳品，我選擇了一個自助式的霜淇淋，把每個口味都裝了一輪，上面再選擇裝飾五彩繽紛的糖果和酥脆的脆片，看上去既誘人又美味。而爸爸則挑選了一隻巧克力杏仁夾心冰棒，那豐富

的口感是在炎炎夏日中爬上聖壇岩後的完美獎賞。

我們一邊品嚐著冰涼甜美的霜淇淋，一邊在老城區的街道上閒逛，陽光襯出古老的石板路，建築物的影子隨著太陽的移動而變換，爲這條街道增添了幾分魅力，在這裡漫步，可以感受到每一塊石板和每一座建築背後的故事，它們似乎在無聲的訴說著過往的歲月和城市的變遷。隨著我們在這條古老街道上的每一步，我感到一種難以言喻的激動，這座城市的活力和歷史似乎在我們的漫步中逐漸蘇醒。

　　隨著我們的漫步進入尾聲，我們來到了一座位於斯塔萬格的迷人小公園，那裡的景色猶如一幅靜謐的畫作，公園內的空氣清新而平和，周圍的一切似乎都放慢了腳步。

　　清風蕩漾，帶來陣陣涼意，水面上閃爍著粼粼的波光，彷彿在娓娓訴說著一段未完的故事。在這個閒適的午後，我們見到了一位頭髮豔紅的女士，她正跪坐在湖邊的小石上，悠閒餵食著湖

面上的天鵝和鴨子。她手中的餅乾似乎是這些水鳥的最愛，群鴨圍繞在她的腳邊，嘰嘰喳喳地爭食，而幾隻優雅的白天鵝則在水面上優游，偶爾靠近岸邊，接受她的款待。我和爸爸站在一旁靜靜的觀察這幅和諧的景象，生怕我們的存在會驚擾到它們。我輕輕拿出相機，小心翼翼捕捉下這一幕，女士與水鳥和諧相處的畫面，這一刻，似乎連時間也為之靜止。透過相機的鏡頭，我覺得自己和爸爸也成了這幅圖畫的一部分，沉浸在這個小小世界的溫馨和寧靜之中，在行程增添了一抹平靜的色彩，也在繁忙的旅行中找到了一絲幸福與快樂。

隨著一天的探索接近尾聲，斯塔萬格的下午在我們的悠閒步伐中逐漸落幕，沉浸於小公園的寧靜後，我們緩緩的走回 Radisson Blu 酒店，心中滿是對即下一趟啟程的期待和對這座城市的不捨。

在回到酒店之前，我們決定前往將路過的 Rema 1000 超市，那裡充滿了當地的風味和色彩，逛遍超市的每一個角落，我們發現了許多挪威的特色食品。

令我們特別感興趣的是那些手掌大小的新鮮蘑菇，還有北歐特有的魚子醬、各式各樣的魚罐頭和奶酪，透過這些美食我的腦海中呈現了當地的飲食文化，也讓我對挪威的生活方式有了更深的體會。

在超市裡，我和爸爸像兩位探險家一般，一邊發掘著各種珍奇的食材，一邊興奮的將這些美食一件件放入購物籃。很快，籃子就裝滿了各式各樣的當地美味。滿載而歸後，我們回到了酒店，在白助吧台上，享用了挪威之行的最後一杯氣泡水，在那裡盡情品嚐

著簡單的點心，讓這次斯塔萬格之旅的美好回憶在味蕾上留下深刻的印記。

隨著斯塔萬格之旅的結束，傍晚時分，我們帶著滿滿的回憶和行李，準備告別這座美麗的城市。從 Radisson Blu 飯店門口，我們乘坐了事先計畫搭乘的快捷巴士，前往機場。

為了讓回程更加舒適便捷，我們選擇了付費升級的服務，包含了快捷通道、貴賓室等服務。這個小小的決定讓我們的旅程更加順暢，我們迅速通過了安檢和各種檢查站，沒有任何的等待與繁瑣，在快捷通道的起始下，我們很快到達了登機門，一切都井然有序。

登機後，我們驚喜發現，我們的座位是飛機較豪華的位置，止好在第一排，這讓我們有了更加寬敞舒適的旅行體驗，座位旁邊的窗戶提供了一個絕佳的視角，讓我們能夠盡情欣賞窗外的景色。在整個登機和起飛過程中，我和爸爸輕鬆聊著天，偶爾翻看著機上提供的雜誌和報紙，享受著這次愉快的飛行經歷。

飛機緩緩升空，我們看著窗外的地平線逐漸遠去，心中充滿了對這次旅行的美好回憶和對未來冒險的期待，隨著飛機穿越雲層，我們滿是感激和喜悅，期待著下一次旅行的到來。那晚，重返哥本哈根，我們在夕陽的餘暉中離開了機場，重新融入這座城市的熱鬧與繁華之中，從機場出發，我們選擇乘坐通勤火車 S-Tog 回到市中心，沿途欣賞著哥本哈根夜幕低垂下的迷人風景，街道

上燈火通明，人群和自行車穿梭在燈光之間，為這座北歐城市增添了一道獨特的風景線。

我們此次的住宿地點位於市中心，中央火車站對面的 Radisson Collection Royal Hotel，一家著名的豪華五星級酒店。入住後，我們預定位於高層的景觀套房，這裡可以俯瞰整個城市的夜景。當我拉開房間窗簾的那一刻，眼前展現的是哥本哈根夜色下的全景，那般壯觀美麗，令人震撼。

城市的建築群在夜色中閃爍著光芒，遠處的天空與漆黑的地平線交融，而在地平線的邊緣，依稀可見晚霞餘暉留下的橘紅色彩，它們交織出一幅動人的畫面。

站在窗前，我被這美景深深吸引，心中充滿了對這座城市的欣賞和喜愛。那一刻，我深深感受到旅行的魅力，我在那裡靜靜的站了許久，讓這難得一見的景致牢牢的烙印在心中，成為這次北歐之旅中最美好的瞬間之一。經過親眼目睹了壯闊山川和秀美峽灣的風采，感受了人文古城的歷史沉澱，每一次漫步，每一絲清風，每一道風景，都化作我記憶深處最動人的色彩，感謝大自然賜予的懷抱，感謝旅途中一切美好的相遇，我會將它們銘記，並化為繼續遍訪這個世界的動力。最後希望，啟發更多緣分在這浩瀚世界的旅途上相遇，驚豔。

奇遇哥本哈根

　　當清晨的陽光劃破天空，在 Radisson Collection Royal Hotel 的房間裡清晨的第一縷陽光灑落，緩緩喚醒了睡夢中的我們。緩緩睜開雙眼，眼前的是一片濃郁澄黃的景象，房間中，由於自然光透過整面窗戶的照射，被染上了一層溫暖的色調。這濃厚而溫暖的色彩爲房間帶來了一種慵懶而舒適的氣氛，質感十足。我坐起身，掀開厚重的絲質棉被，突如其來的自然光線讓我不禁瞇起雙眼，享受這個自然而慵懶的時刻。我走到窗邊，湊近窗戶一看，可以看到城市的美景逐漸在眼前展開，從繁忙的街道到遠處的輪廓，每一處都散發著不同的魅力。

　　穿過飯店的長長走廊，典雅的電梯緩緩下行，最終抵達了餐廳，這裡的氣氛既溫馨又大器，空氣中飄散著新鮮烘焙麵包的香味。

　　走進餐廳，我們的眼前呈現的景象令人眼睛一亮，桌上擺滿了各式各樣的麵包，它們堆疊成一座小山，每一個都誘人無比。有的麵包形狀像羊角，蓬鬆而柔軟；有的則是長條形，表皮微焦，質地酥脆，讓人垂涎三尺。麵包的香甜氣息和奶油的濃郁在周遭瀰漫，爲這個早晨增添了幾分愜意。

　　我們被安排在一個大窗邊的座位上，透過落地窗可以將外面的城市盡收眼底，隨著早晨的陽光透過窗戶照射進來，整個餐廳

都被柔和的光線照亮。不久，服務人員帶著熱情走過來，詢問我們的飲品選擇，爸爸點了一壺香醇的美式咖啡，熱氣騰騰，提神醒腦；而我則選擇自己去吧台現榨了兩杯柳橙汁，清涼新鮮，與這個明媚的早晨相得益彰。

我手中的這塊麵包，其獨特的螺旋造型，讓我想起了蜷曲的白煙，經過精心烘焙的金黃色麥皮閃爍著誘人的光澤，紋理精緻流暢而極富特色。當我輕輕撕開表層時，露出了內在鬆軟綿密並充滿彈性的細膩質地，在口中輕輕拉扯，形成了一種獨特而細緻的絲狀結構，帶來了無與倫比的享受。隨後，我端起一杯剛才自助榨製的橙汁，這看似簡單的一杯，卻恰如其分的融入清晨。當我淺嚐一口，多汁飽滿的柳橙果粒隨著果汁流經味蕾，立刻爆發出層層果香，為我帶來了一絲驚喜與活力，這種天然的甜味與酸味的完美融合，讓人欲罷不能，沉醉於柳橙汁帶來的閒適與愉悅。我們一邊慢慢享用這豐盛的早餐，一邊討論起這一天行程的規劃，心中充滿了對這座城市的故事躍躍欲試，期盼著今天能夠發掘更多動人心弦的故事和獨特的體驗。

早餐過後，我們開始漫步探索這家集時尚與典雅於一身的五星級飯店，隨著我們穿梭於走廊和大廳之間，飯店內每一處的細節都展現了無與倫比的品味和藝術感。其中，一幅牆上的畫作特別吸引了我的注意，這幅畫氣氛活潑，充滿了活力與創造力的氣息。

畫中似乎描繪了一個模糊的人形，站立在城市前，背後是繽紛多彩的建築物和不規則的線條，這幅畫作彷彿在訴說著一個關於城市和人的故事，讓人不禁思考藝術家在面對繁華喧囂的都市景觀時，心中所感受到的那種震撼和激動。走近仔細觀賞，每一筆每一刷都充滿了力量和深意，色彩之間的對比和融合，以及線

條的流動，都給人一種視覺上的衝擊和心靈上的觸動，這幅畫作更像是一扇窗，讓人窺見了一個充滿活力和多彩多姿的世界。

最讓我期待的是這家飯店的健身房，它的設施不僅先進，還擁有著無可比擬的景觀，當我輕推開健身房的門，首先映入眼簾的是陽光透過大片窗戶灑落在各式健身器材上，營造出一種明亮且活力十足的氛圍。健身房的面積寬敞，設備種類豐富，從跑步機、健身自行車到重量訓練設備，應有盡有。我選擇了一台靠窗的健身單車，坐上去的那一刻，哥本哈根的街道景觀裝闊無窮，當我開始踩動腳踏，窗外的景色似乎也隨之後退，這讓我有種彷彿騎著腳踏車在這繁華都市中自由穿梭的錯覺，這種感覺既真實又虛幻，讓人在健身的同時也能享受到探索城市的快感。這時我注意到，健身房的玻璃上，一隻小小的蜘蛛在窗戶邊緣織牠的網，它默默注視著忙碌的人們，也許在思考這個喧囂世界的意義吧。

　　離開了飯店的健身房，我來到大廳，中央的旋轉樓梯如同一座時空隧道，連接著豪華的商務空間和熱鬧的大廳，樓梯的設計既現代又古典，在每一層之間編織著過去與未來的故事。

我伸手觸摸冰涼的金屬扶手，周圍，來往的人們匆匆走過，每個人都在自己的時間軸上前行，給我一種穿越時空的錯覺。我幻想著，也許下一刻，我會回到中世紀的宮殿，或許我會進入一艘未來的宇宙飛船。當我真正踏上樓梯時，仍然身處在這座現代而雅致的飯店之中，一瞬間，清晨如夢的氛圍隨之消散。

　　我們隨後走出了飯店，對面街道上停著一輛印有"Viking Bus"字樣的紅色觀光巴士，參與旅行團的遊客魚貫而入，展開他們的城市探險之旅。與此同時，我們選擇了其他路徑，向著相反方向行走，很快便來到了中央車站前。

　　這座歷史悠久的紅磚建築，在晨曦柔光的映照下顯得格外引人注目，其獨特的建築風格與周圍的現代化城市景觀形成了鮮明的對比。我們跟隨著人潮進入了地下通道，在清晰的交通指示牌引導下，我們迅速找到了地鐵站，地鐵站內非常乾淨整潔，各種

標示一目了然。

　　我們很順利購得哥本哈根卡，進入地下月台等待列車。不一會兒，一列銀白色列車進站了，我走進車廂，車廂內配色簡潔明亮，座椅舒適整齊。由於是高峰時間，車廂內已經坐滿行色匆匆的乘客，我在第一排看見一個空位，於是坐了下來。

　　隨著列車緩緩啟動，我坐在車廂內，透過窗戶目睹這座城市的另一番景象，牆壁和月台在列車的高速移動中迅速後退，形成一幅幅飛逝的景象。隧道內的燈光與四周的黑暗，在窗戶的玻璃上映照出光影交錯的畫面，猶如動態的藝術作品。列車行進中發出規律的震動與隆隆聲，我搭上這城市的脈搏，靠在椅背上，聆聽著這城市的心跳。

　　我們很快到達 Østerport 站，這附近就是我們的第一個景點──卡斯特雷特要塞（Kastellet）。我們回到地面，很快便看到堡壘的高大城牆和恢弘建築，碉堡式的城門，典雅的英國風格守衛

亭，懷舊的愛國主義銅像……無不在敍說著歷史的厚重，我們沿著城牆外漫步一圈，感受這昔日軍事要塞所特有的嚴謹與蒼勁。

走到要塞側面，我看見一座小小的教堂，教堂後面是一片綠草如茵的大地，前方長椅上坐著幾位居民，他們帶著孩子在這裡曬太陽、闔家歡笑。那黃色小教堂，在葉青草碧的襯托下顯得格外溫馨秀麗，教堂屋頂上的鐘樓在湛藍天空下更是亮麗過目。

我們沿著護城河往北行走，河水澄澈，小魚在水中自由游弋，水面平靜如鏡，映照著周圍的景致。不久，我們的視野豁然開朗，一片大海廣闊的大海出現在眼前，數十艘白色的帆船靜靜的停泊在漁船碼頭，清風吹來，船桅和纜繩輕輕晃動，這裡的一切都顯得如此平和，像一幅動人的海景畫。接著，就是哥本哈根著名的小美人魚雕像了。

我們穿過人群，我們終於看到這聞名世界的青銅雕塑，小美人魚坐在石頭上，背對著波濤洶湧的海洋，她的面容透露出一種

淡淡的悲哀和期待。細看之下，似乎能在她的眼角捕捉到一絲淚光，或許，她依然思念著無法踏足的人間。

　　隨著我們的腳步漸行漸遠，一座巨大的泉池逐漸展現在我們眼前，池中央矗立著北歐女神吉菲昂和四隻公牛的雕像，栩栩如生的描繪了一段北歐神話故事，這就是著名的吉菲昂噴泉（Gefion Fountain）。雕像生動描繪了女神吉菲昂將她的四個兒子變成強壯的公牛，共同揮舞冰鋒，劈裂了瑞典南部一片土地，並以此創造出西蘭島的神話故事。

　　這些公牛雕像顯得格外生動，四頭公牛的肌肉線條強健有力，神態自然，似乎隨時都要突破銅像的束縛，奔馳而出。而女神吉菲昂的姿態既優雅又堅定，展現了北歐神話中女性的力量和魅力，水從女神和公牛之間湧出，象徵著生命的源泉，永恆不息。

　　站在噴泉邊，我被這雕像的雄偉和細節的精緻所震憾，精心
雕琢的每一寸細節都令人嘆為觀止，每一個角度都展現了不同風
采，寄寓了人類不懈追求理想，創造文明的隱喻。也許，正如女
神通過轉化和創造，為我們展現了文明的源泉和持久的基石。就
像這道清澈水流，源源不斷得湧出，滋養著廣場，也象征著生生
不息的文明之河。

　　離開了充滿北歐神話色彩的吉菲昂噴泉，我們參照地圖，來
到了丹麥設計博物館（Designmuseum Danmark），這是一個集聚
丹麥設計精粹的聖地。一踏入博物館的大門，首先映入眼簾的是
一件令人矚目的藝術創作，這件作品展現了未來主義風格，這件
藝術描繪了科技飛行器和探囊雲霄的摩天大樓，勾起了我兒時對
未來世界的種種憧憬，讓人不禁思索，夢想的確是推動設計和創
造的強大動力。

進一步探索，我在一張巨大的橘色椅子上坐下，它溫暖的弧度設計宛如一對母親般的臂彎，向每個疲憊的遊客傳遞微笑與陪伴。四周還擺放著形狀新奇、色彩斑斕的各式現代椅子，每一件都展示著天馬行空想像力的結晶，又或是對某種理念的詮釋，它們令人會心微笑，也激起人們更深入的思索。

　　最後，一件材質獨特的裝置藝術吸引了我的注意，那是一套衣服和鞋子，完全由飲料吸管編織而成，這種特殊風格令我驚艷，設計師運用了廢棄的塑膠吸管，這種通透如水晶燈般、輕盈如泡沫般，在傳達環保理念的同時，也展現了北歐設計的極簡美學與功能性，這種將價值和意義同時體現的設計，正是丹麥作品的標誌。

　　離開丹麥設計博物館，我們迎來了明媚和煦的午後陽光，溫暖的光芒為身心注入活力，加快了我們向下一站的腳步——阿馬林堡王宮（Amalienborg Slot），這座宏偉壯觀的皇宮，承載了丹麥百年的歷史軼事。

恰逢午間時分，我們有幸目睹了衛兵的換崗儀式，他們身著帥氣制服，黑色上衣、藍色長褲、頭戴熊皮帽，手持長槍，整齊劃一的行進。衛兵們的步伐堅定有力，地板「喀嚓喀嚓」迴盪，禮節之中透著嚴肅與莊重的氣氛，令人不禁肅然起敬。

　　隨後，我們來到腓特烈教堂（Frederiks Kirke），這座巴洛克式的教堂有著壯美的圓頂和色彩豐富的彩繪。走近欣賞，場景栩栩如生，猶如音樂天使彈奏豎琴，各個聖徒在祈禱，上帝回應信徒祈求。但我還是對頂部那幅巨大的彩繪最爲震撼，這幅巨作，位於斯堪地那維亞半島最大的圓頂，它構成了整座建築的靈魂。畫中，十二門徒彷彿騎著雲彩降臨人間審判世人，強大的能量和壓迫的視角，令人爲之膽戰。

　　離開教堂後，我們直接坐地鐵前往下一個目的地——羅森堡城堡（Rosenborg）。荷蘭式文藝復興時代的羅森堡，由多個紅磚尖塔聯繫而成，曾是丹麥皇室的夏宮。我們先在城堡門口的旅遊諮詢處領了免費地圖，我清楚記得羅森堡宮里最值得期待的，就是地下室的皇家珠寶展覽了。

　　然而，在我們雀躍的心情即將登上城堡時，一個小插曲發生了——在進入時，我們被告知必須存放背包，但保管櫃卻沒有中英文操作說明，我們試了好幾次都無法正確存放。正當我們為難之時，幾位熱心的當地遊客主動上前詢問，並耐心為我們解說了存包流程，我由衷感激遇到這樣和善熱心的當地人，即使語言不同，也阻止不了人與人之間的溫暖。

　　踏入羅森堡宮，我們先參觀了幾個王室生活的房間，絢爛的廳內布置顯示出王室的奢華——鑲金裝潢的牆壁與擺飾，黑白磁磚相間。我特別喜歡其中一個房間，牆紙是暗紅底色的絲絨，配上一組精緻的桌檯，整個空間溫馨典雅。最後，我們來到了最令人期待的地下宮殿，那裡陳列了無數件珍貴的皇家珠寶，金光閃爍的王冠項鏈，鑽石閃耀如星辰般耀眼。

　　其中一頂王冠讓我印象深刻，冠頂鑲了一顆大顆藍寶石，猶如一朵綻放的鮮花，這些令人目不轉睛的寶藏象徵了丹麥王室百年的榮耀歷史。

　　我們心情愉悅向新港（Nyhavn）前進，計劃在那裡享用午餐。路上，我們經過了哥本哈根著名的圓塔（Rundetårn），當我們走至哥本哈根的圓塔時，內心盪漾著無限的喜悅和興奮。這座

丹麥最著名、先前曾是天文臺的地標建築，記載了這個國家豐富的歷史和文化，對我這個天文愛好者和建築專家的爸爸而言，它擁有無比的吸引力。

圓塔內部的旋轉坡道頗具特色，我們沿著這條螺旋上升的磚地平面攀登至塔頂，這裡有一個可以環繞一圈的觀景平台，從這裡遠眺，哥本哈根的天際線盡收眼底，城市的美景一覽無遺，色彩斑斕的建築，以及遠處的海港，都那樣精緻可愛，我們被這開闊的視野和壯觀的城市景色所震撼，這也是我到一個城市，總是喜歡住在高處的原因之一。

繞了一圈之後，突然，我發現了一扇隱蔽的小門，門後竟然隱藏著一座古老的天文望遠鏡，我興奮莫名，迫不及待踏進這神祕的空間。

在這個古老的天文台裡，我們得以近距離的觀察天空，透過望遠鏡觀察著太陽，我被眼前那浩瀚壯闊的景象深深震撼，那一個遙遠的光點，好比宇宙間無盡的奧祕與生命，這種面對浩渺宇宙的感動，讓我不禁感嘆人類文明的渺小。「我們對這個宇宙的了解真的只是冰山一角」爸爸回應著我的感慨。宇宙無垠，人類理解有限，但每一點進步，都將推動文明的發展。就像觀測和探索宇宙一樣，文明也需要長期努力累積。我默默許下了心願，希望自己能像爸爸一樣，在自己的領域裡努力探索，為人類文明貢獻一份力量，也許我的成就不會像太陽那般高掛燦爛奪目，但只要堅持做好自己的那一小部分，也能猶如無數微小行星匯聚，推動人類更遠的航程。

走至新港（Nyhavn），五顏六色的老房子沿河鱗次櫛比，建築物在陽光下散發柔和的光芒，河道上不時飄來遊船的歡快號笛，我激動的跑到碼頭，正好一艘小船駛過，船在水面上越過一道道水波，映照出波光粼粼的流光。

我不禁想像著幾百年前，也許就有水手如這一般，划著小船

在這片運河上盪漾。這時我聽到不遠處傳來爵士樂的輕快旋律，原來是哥本哈根爵士音樂節正在舉行，歡聲笑語，掌聲、喝彩聲此起彼落，很難不被這熱鬧氛圍感染。

穿過人群，我發現露天舞台上，演奏者的手指在電吉他上飛舞，彈奏出悅耳動聽的樂句。音樂如江水湧動，將每個人的心緊緊連在一起，現場彌漫著歡樂與愉悅，我也跟著音樂打了幾下拍子。

就在我沉浸於音樂輕輕搖擺時，忽然一陣香甜冰淇淋的氣息傳來，我記起新港有一家必吃冰品店，便立刻與爸爸循著香氣找去，結果它就坐落在一個熱鬧街角，門庭若市。走進店內，五光十色的冰淇淋如萬花筒般堆疊，令我眼花撩亂。我們選擇了自己喜歡的口味，店員巧手製作出一杯美味的冰淇淋，上面還撒了一

層巧克力碎，冰涼香甜的味道瞬間在嘴裡蔓延開來，我嚐到了牛奶的香醇，香草的清新，還有巧克力狂野的香氣，這絕對是這個夏天最完美的冰淇淋了。

下午我們在新港品嘗過夏日美食後，決定回飯店小憩，準備今晚的海灘日落行程。到了傍晚時分，我穿上溜冰鞋，父親則騎著電動輔助腳踏車，我們在海濱長廊悠哉行走，海風拂面，天空和海面鋪就出一片瑰麗的紫紅。就在這時，腳踏車毫無預警突然自動增加了極大的阻力，原來我們誤闖了禁行區域。我們笑著掉

頭折返，在餘暉的照耀下，我們又重新回到了正確的路上，欣賞北國在夕陽下燃燒的壯麗。

夜幕降臨時分，我們回到了飯店，就在這時，我嗅到一陣誘人烤焙的香氣，原來車站旁就有一家知名烘培坊，於是我們買了一個麵包一起分食，這一天的哥本哈根城市之旅，充實而美好。

失而復得

　　當晨曦的陽光從窗簾的隙縫中灑進房間，我在這個陌生的城市裡睜開了還有些惺忪的雙眼，迎接新的一天。我滿心歡喜的計畫去飯店健身房開始清晨一個活力的早晨，無奈，那扇健身房的大門意外的被鎖上了。此時的我，雖然有些失望，卻不想就此錯過這個充滿可能性的早晨，我決定改變計劃，去進行一場戶外的探險。

　　穿好運動鞋，我踏出飯店，決心在哥本哈根的街頭慢跑，讓自己的腳步與這座城市的節奏同步。我沿著飯店外圍的人行道慢跑，清爽的晨風迎面而來，寬闊的馬路上行人寥寥，偶爾經過幾

輛單車，騎車的人朝我點點頭打招呼，跑步的過程中，我讓自己沉浸在哥本哈根那不經意間展現的美好之中。

古老建築與現代設計在街道兩旁和諧共存，富有豐富的歷史和創新的精神。運河沿岸，色彩斑斕的房屋倒映在水面上，像是一幅動人的照片，讓人不禁駐足欣賞。

空氣中飄散著麵包烤爐的香氣，襯著樹葉上的晨露閃爍著晶瑩的光澤，街燈下方還殘留著一夜霓虹的倒影，而越過建築物的天空已經泛起一片白。當我穿越了幾棟古老的商店建築，跑到哥本哈根的市政廳時，不禁為這座北歐風格的建築壯闊的外型所震撼，橘紅的外牆與紅褐色的屋頂相映成趣，中世紀的尖塔直指蔚藍的天空。

我仰望著高高的塔樓出了神，彷彿穿越回到幾個世紀以前的北歐山城，在明亮的陽光與古建築的映襯下，這座城市透著一種安詳與靜謐。

約莫一個小時後，我回到飯店十八樓的房間，從落地窗向外眺望，卻見眼前風景一變。在夜深人靜之時，高樓大廈的燈光交織出耀眼的光網，而如今太陽爬上半空，整座城市被晨光淋漓，清新明亮。窗外的不同景象，昨晚的華燈初上今晨的寧靜曙光，讓我感覺自己好像擁有了哥本哈根的兩個世界。

當我們在飯店享用完一頓琳琅滿目、美味非凡的自助早餐之後，我們帶著滿腔熱情離開，準備投入哥本哈根這座北歐明珠的懷抱，開始我們的城市探險。

走出飯店，我們迎接的是一個清新的早晨，陽光透過薄薄的雲層，柔和而溫暖。步行到附近的公車站，我們驚喜發現這裡的公共交通不像在臺灣，我們無需揮手示意就能搭車，這裡的公車司機一眼就能捕捉到等待的乘客，並準時在站點停靠，這樣的細

節讓我們深深感受到哥本哈根的文明與秩序。

登上公車，我們選了靠窗的座位，通過潔淨明亮的車窗，我們可以清晰的欣賞到窗外的街景。街道兩旁的行道樹蔥郁茂盛，綠意盎然，似乎在為城市增添一抹生機，車窗外的世界安靜而和諧，汽車、行人和自行車在各自的軌道上有條不紊的移動，彷彿每個人都在默默遵循著一種看不見的規則，共同編織著這座城市的日常節奏。

我的哥本哈根之旅的第一站，選擇了與眾不同的目的地——哥本哈根動物園。對於大多數遊客來說，皇宮、博物館或是教堂無疑是這座城市的經典之選，但我卻被這裡的動物園深深吸引，這個決定源於我對北極熊的無盡迷戀，由於前幾天的極地之旅，讓我離野生北極熊是觸手可及，卻未能一睹其風采，這份遺憾驅使我想在動物園中親眼見到這些壯觀而神祕的生物。

透過手機地圖的探索，我意外發現哥本哈根動物園中有著北極熊的蹤跡，這個發現讓我的行程規劃多了一份興奮和期待。我渴望近距離觀察這些極地的動物，感受它們的生命力和野性之美。

我跟隨著遊客的步伐走向園區，門口有一尊小恐龍的模型迎接我們，栩栩如生的細節刻畫讓人忍不住想像它活蹦亂跳的模樣。當我踏入動物園裡，一個全新的世界便展開在眼前，這裡是動物的天堂，也是自然與和諧共存的縮影，一眼就看出園區內的每一個角落都被精心設計與維護，既展現了對動物福利的重視，也提供了遊客極佳的觀賞體驗。

步行在蜿蜒的小徑上，我經過了各式各樣的動物棲息地，從熱帶雨林的繽紛鳥類到水上的優雅水鳥，每一種生物都在這裡找到了屬於它們的小天地，畫面之優美宛如精心編排的舞蹈但我的心思已全被北極熊所牽引。

　　滿心期待的來到哥本哈根動物園的北極熊展示區，我卻發現那個巨大的水池異常寧靜，沒有我夢寐以求的北極熊。陸地區也一樣空蕩蕩，那些毛茸茸的生物不知躲藏於何處。我靠近水池邊，希望能找到一絲線索，卻只見幾位工作人員正在忙碌地清理水池和屋舍，也許這些神祕的北極熊還在安逸休息，等一會兒應該就會現身吧。

　　為了不讓等待變得無趣，我決定先到其他展區探險，在漫遊的途中，我遇見了許多迷人的動物，首先映入眼簾的是貓熊，牠們憨態可掬、悠閒自在玩耍和用餐的模樣，讓人忍不住駐足觀看。接著，我看到了安靜休息的馬來貘，這些平時難得一見的動物在這裡似乎找到了屬於它們的世外桃源。

　　隨後，我被一陣深沉而震撼的吼聲吸引，那是來自不遠處的老虎。好奇心驅使我走近，一隻雄壯的老虎正舒適的躺在岩石上曬太陽，偶爾發出低吼，彷彿在宣示它的王者地位。而在它的隔壁，一隻黑猩猩正慵懶的趴在樹幹上睡覺，牠似乎完全不受老虎的吼聲干擾，自由自在的生活著。我也在這裡逗留了一會兒，欣賞著這些黑猩猩無拘無束的樣態，想像我們的祖先猿人或許也曾悠閒的在樹林中嬉戲。

　　在哥本哈根動物園的一隅，一群袋鼠引起了我的極大興趣。
牠們在一個僅及腳踝高的矮柵欄內安逸的生活，靜靜的啃食著草
料，對周圍的人類既無畏懼也無敵意。我發現，這裡的動物園運
用了開放式的設計理念，不少動物並非被限制在籠中或水泥牆
後，而是盡可能的在模擬自然環境中自由生活。這樣的環境設計

不僅重現了動物們原有的生存樣態，更顯示出對遊客的信任，相信他們能與動物們和諧共處，這種與動物和諧共存的理念深深觸動了我，讓我認識到人與動物之間可以有更少的隔閡，建立起一種基於相互尊重與敬畏的關係。

　　在參觀完長頸鹿、羚羊等區域後，我再度回到北極熊的地盤，滿懷期待的尋找那隻龐大的北極熊的蹤影。終於，在一個岩石景觀後方，我見到了牠，這冰原上的王者，在陸地上行走，步伐堂皇，它那流暢而巨大的步伐，宛如一座移動中的雕塑。我屏住了呼吸，生怕打擾到這難得而罕見的朋友，北極熊遊走在水邊，目光凝視著遠方，那份淡然中帶著的不可言喻的威嚴，讓人不由自主的感受到它身上自然野性的力量，彷彿能看到那遠在北極的冰雪世界，寂靜而純淨的自然之美。

走進哥本哈根動物園的紀念品商店，眼前是一排排擺滿各式各樣動物毛絨玩偶的架子，每一隻玩偶都像是在向著新朋友招手。站在架子前面，我彷彿穿越時空回到了兒時的美好記憶，再次踏入那個被動物們圍繞的夢幻樂園。

　　我在這些可愛的玩偶與紀念品之間徘徊，每一隻都擁有著獨特的魅力。本想選購一隻北極熊公仔作為這次旅程的紀念，但我突然想到，這若在北極圈內購得，那將更加具有特殊的意義，於是，我帶著一份期待，希望未來將在更靠近北極的地方尋找那份完美的紀念品。

　　在這段奇妙經歷的尾聲，我在紀念品商店購買了幾件小物，作為對這次動物園之旅的回憶。隨後，我再次搭上那熟悉的公車，準備返回市中心，心中充滿了對即將到來的 Tivoli 遊樂園之旅的興奮。

　　這座歷史悠久、全世界第二古老的遊樂園，保留著許多老牌的遊樂設施，散發著濃厚的懷舊氛圍。在這裡，我又回到了那個充滿期待和無限可能的孩提時代。園內那些巧奪天工的機關與遊樂設施，在藍天白雲下顯得格外壯觀，每一項都像是在邀請我進行一場刺激的冒險。

我毫不猶豫的選擇了一座古老到幾乎可稱爲古董的木質雲霄飛車，隨著雲霄飛車的上升與俯衝，在歡笑與尖叫聲中體驗著童年的快樂與純眞。這一段時光，我完全沉浸在這個歷史與現代之間的奇妙樂園中，感受著每一次心跳的跳躍和每一分鐘的歡樂。

　　這座擁有百年歷史的木質雲霄飛車，是我這次旅程中最期待的項目之一，當雲霄飛車在那古老的木製軌道上高速奔馳，耳邊的風聲與在軌道運行的聲音如同狂野的交響樂，我的心中充滿了難以言喻的興奮與喜悅。每一次的上升與下降，每一次的轉彎與俯衝，都令我更加振奮，這古老機械告訴我時間的流轉與歷史的厚重。我情不自禁的玩了好幾回，每一次結束都令人意猶未盡，這種老式雲霄飛車帶來的樂趣，與現代雲霄飛車的精緻和速度感是不同的，在這裡，多了一份歷史的韻味和純粹。

　　隨後，我又挑戰了園內的另一座雲霄飛車。正當我在空中翻轉時，突然間，一場驟雨無預警的降臨。雨點打在我的臉上、身上，帶來了一絲絲冰涼的感覺。這場雨，雖然讓過程變得有些顛簸，但也爲這次的雲霄飛車體驗增添了一份特別的記憶。

　　接著，我來到了 Tivoli 遊樂園中的極具特色的設施——一座能夠旋轉升至 80 米高空的塔。剛開始，我滿心期待能從高處一覽哥本哈根的壯麗城市景觀，但當設施眞正升到最高點時，強勁的風幾乎要將我席捲而去。在那懸空的頂端，我只好緊閉雙眼，此時內心五味雜陳，這個高空體驗給了我不小的驚嚇，也轉的我頭暈目眩。

　　爲了讓自己從高空的驚悚中恢復，我決定轉向更加平和的設施，如旋轉木

馬和兒童遊樂設施。這些設施雖然不像剛才那般刺激，卻同樣帶給我許多驚喜和歡笑。在旋轉木馬上，我感受到了一種悠然自得的愜意，伴隨著輕快的音樂，重溫無憂無慮的童年時光。

　　隨後，我搭上了園內的摩天輪，隨著摩天輪緩緩上升，我眼前展開了整個遊樂園和城市的迷人景致。午後的陽光灑落在遊樂園的每一個角落，城市的輪廓在遠方輕輕勾勒，一切看上去都那麼和諧而美好。

　　此外，園區內還設有一處專為兒童設計的遊樂場，這裡擁有諸多充滿想像力的遊樂設施，看著那些活潑的孩童在這裡自由奔跑，我意識到，那份對自由和冒險的渴望，才是我們在成長過程中真正不可或缺的一部分。這一切提醒著我，無論年紀多大，心中始終應該保留那份對世界的好奇和對未知的探索欲望。

　　從 Tivoli 歡樂世界的熱鬧喧囂中步出，我們的第一個任務是前往對面街區，這些天住的飯店領取寄存的行李，以便轉移到我們的下一個住所。幾天下來，這飯店地理位置真的頗佳，與樂園僅

一街之隔，便利的位置爲我們的行程省去了不少時間與精力。在飯店的大廳，我們向櫃台人員出示了行李牌，然後在舒適的沙發上稍作等待。僅僅三分鐘後，工作人員就推著我們的行李出現了，我們立刻起身，迅速地帶上行李，準備開始下一段旅途。

到達新的青年旅館，我們迅速辦理了入住手續。房間簡潔而精巧，狹小的空間內設有上下鋪床和緊湊的衛浴設施，讓人不禁聯想起郵輪上的艙房。在有限的空間內，我們將行李安置得妥妥當當，放下行李後也只剩床面可以活動，卻在這時驚覺我們的相機不見了。經過一番思索，我們確定相機極有可能被遺忘在原先飯店的沙發上。心急如焚的我，立刻奔回原飯店，進入大廳，我急切四處尋找，但始終沒有看到相機的蹤影。雖然心中已經絕望，但還是抱著一絲絲的希望，決定詢問服務台。櫃檯小姐耐心的詢問了相機包的細節特徵，我的心情由焦慮轉爲漸漸平靜，靜靜站在貴台等待她幫我尋找。出乎意料的是，不久後，櫃檯小姐手持我的相機包從後台走了出來，原來她是在仔細確認我是否爲這包的主人，這種服務讓我覺得，高昂的房價，已經值得。

我隨卽來到了不遠處的丹麥國家博物館，這是一處融合了歷史深度與現代科技的奇妙之地。博物館內部擁有眾多高科技互動設施，讓歷史的探索變得更加生動有趣。

其中，最讓我印象深刻的是一個關於太空探索的展區。展示箱中陳列著先前年代的太空服原型，這些歷史性的物件對我來說，不僅展示了人類太空探索的進步，更象徵著對未來無窮探索的夢想與期待，展示旁的文字介紹 "History for the Future" 讓我有所感悟，這不僅是對科技發展的讚頌，更是對那些爲了後人不懈努力的先驅者們敬意。站在那些太空服前，我被深深吸引，思索著人類對未來的無限想像與可能。

　　此外，博物館內還有非常獨特的「自助」電梯，遊客需要親自推拉電梯門才能進出，這種設計雖然看似簡單，卻給我留下了深刻的印象，這是一種對傳統的保留，也是一種讓我親身參與並感受歷史的方式。

　　離開博物館，走在哥本哈根街頭，我感受到這裡獨特的文化氣息，北歐式的寧靜與都市化的繁華並存。行色匆匆的市民，及街邊紅磚白牆的建築，構成獨特風情。在返程的公車上，我回味著一整天的行程，收穫頗豐。動物園中可愛的毛絨生物，遊樂園驚險刺激的體驗，以及博物館中開拓思維的文化體悟，都令我此行收穫良多。

　　在返回住所的途中，我也開始細心觀察並體驗北歐生活的獨特之處。走進超市，裡頭的巨大茄子和細長紅蘿蔔讓我驚訝，以及部分旅館的房間內沒有裝設冷氣，這些都與我在臺灣慣常的生活方式大相徑庭。然而，正是這些細微的不同，使我感受了異國

的獨特，讓我的旅程更加豐富多彩，我樂於接受這些新鮮事物，將它們視為擴展視野、增廣見聞的好機會。

　　當晚，雖然室內略顯溫熱，但經歷了一天激動人心的探險之後，我很快便沉沉入睡。在夢境中，我似乎又回到了那充滿魔幻的 Tivoli 遊樂園，與白日裡新結識的動物朋友們快樂地嬉戲。夢中的我無憂無慮，與這些可愛的動物們一起在遊樂園中追逐玩耍。我感到心滿意足，同時也萌生了再次造訪這個夢幻城市的願望，希望在不久的將來，還能有機會再次踏上這片充滿驚奇和美好的土地。

時光的交會

　　清晨的陽光穿透霧靄，照亮於哥本哈根這富有歷史的城市，映照在歷史悠久的青年旅館上，晶瑩的露水在葉尖緩緩滑落，車水馬龍的哥本哈根正從夢中甦醒。我們背上輕便的行囊，在鵝卵石鋪就的小路上悠閒漫步，感受著這座城市逐漸甦醒的氣息。路過一家家剛開門營業的咖啡店、烘焙坊，濃郁的咖啡香氣撲鼻而來。街道兩旁蒼翠綠樹成排，微風搖曳，為清晨的城市畫上層層柔美的色彩。

　　不久，我們便來到公車站，約莫等了五分鐘，看見空車緩緩駛入站點。我們登上公車後，視野一下子開闊起來。透過車窗，克里斯蒂安堡宮（Christiansborg Slot）的雕花石牆映入眼簾，帶著中世紀騎士盔甲般的堅毅與壯闊。公車在城堡前匆匆呼嘯而過，很快我們便來到第一個目的地，一個關於自由獨立的代名詞──克里斯欽自由城（Christiania）。

　　三點標誌的石拱門下，是歐洲文明中的一片獨特之地。在這裡，奔跑和攝影都被明令禁止，一切喧囂與繁華似乎在時空隧道的盡頭靜止。我們放慢了腳步，順著生機盎然的小徑漫步。兩旁是歐式風格的彩色房屋，飄散著烤肉和麵包的甘甜香氣。偶爾可見居民的身影，或在門口悠哉品茶、聊天，或在後院辛勤工作。

　　從枝繁葉茂的樹叢中不妨能夠找到陽光灑落的軌跡，映照著路中央一對神采奕奕的夫妻，正手牽著手漫步在十字路口。他們朝我露出燦爛的笑顏，在此刻，這理想的國度，我確信世界充滿愛與和諧。

　　忽然間，一陣怪異的氣味傳入鼻端，我循著那怪味而去，來到一個隱蔽的小巷。兩位年輕人坐在隱密小巷的長椅上聊著天、賞著煙，見我們靠近，笑嘻嘻遞來一根植物香味的捲煙。霎時間，我恍然大悟原來那就是大麻的氣味，在這裡，似乎有其他物事代表著另類的文化與生活方式，我不免感到些許訝異，隨即明白，法律，在這裡也許有某種不同的詮釋。

小巷裡兩旁是一面面色彩繽紛的塗鴉牆，五顏六色的潑漆與筆刷在灰白水泥牆上揮灑自如。些許叛逆，些許藝術，構成了這座小城獨特的氣息。漫步其中，猶如進入一個泛著色彩的夢境。難以想像這樣的場所竟存在於非我印象中的北歐國度。然而在這自由城中，不免感受一派歡悅自在，令人心曠神怡。為避免迷路，我們在岔路口原路折返回入口處。

　　走到象徵著歐盟邊界的石拱時，我仔細的觀察上面的文字"You are entering the EU"，不禁想像這小小的城鎮就像歐盟中的一個古老孤島，沉浸在自己獨特的氛圍與節奏中，未曾為時間所蝕改，離開克里斯欽自由城時，依依不捨的回望，將它獨特的精神長存於我的記憶中。

　　經過自由城的獨特氣息的感染後，我們來到了空曠寧靜的救世主教堂（Vor Frelsers Kirke）。教堂坐落在歐式風格建築群中，卻又保留了巴洛克式建築的蒼勁與樸實。穿堂而過，迎接我們的是

一段段陡峭蜿蜒的樓梯，沿著這歷史的足跡向上攀升，彷彿每踏出一步都能聽見年代的歷歷低語。

在轉角處，一臺巨大的管風琴靜候歲月的喚醒，彷彿這座教堂沉睡的心臟。我不由自主的湊近一看，管口頓時迸發出陣陣悠揚樂音，空氣爲之一震。或許這就是建築師的初衷，通過現代與古典的交融，喚醒這座教堂的生命力，我隨著樂音的指引爬上最頂層，終於來到陽光照耀下的 360 度觀景台。

佇立在繁華喧鬧的哥本哈根上方，腳踩 90 米高空世界。碧藍的海港上，白帆像海鷗展翅，古老的皇宮廣場，人群攢動，著名的地標建築，孤傲的坐在岸邊，每一處景致都如此熟悉，卻因高度而顯得那麼新奇。

赤褐色的屋頂在明媚的陽光下閃閃生輝，蜿蜒的街道像巨龍橫臥城市，我彷彿身臨其境，置身於鳥瞰畫中的世界。360度的視野中每一道風景都那麼美不勝收，我頓時被巨大的震撼和感動淹沒，人世間的喧囂在這裡化為烏有，取而代之的是上蒼賜予的壯闊與澄明，我知道這刻的震顫將永遠銘記在心，一切世俗喧囂頓時顯得渺小無足輕重。最頂端的螺旋處僅容一人通過的樓梯彷若通往天際，我深呼吸，在白雲的環抱中感受來自上蒼的澄淨，教堂的鐘聲在耳邊回響，彷若天籟。

　　在救世主教堂中間的轉角處，我發現了精巧的古老機械嵌入歷史悠久的木質建築中，在時空的過程中散發獨特的魅力。或許這正是建築的根本，通過空間與時間的跨越，譜出生命流逝後留下的共鳴。我不禁想像，歷史中的先賢是否也曾像我們一樣仰望過這片天空，在藍天白雲中領略到生命的本質。

離開救世主教堂，我們沿著哥本哈根的大街小巷漫無目的地閒逛，一家劇院時，正值交響樂團在大理石階梯間排練。悠揚的樂音飄散在空氣中，為悠長的午後添上絲絲愉悅。我們找了個陽光充足的位置坐下，讓樂聲和暖陽光一起洗滌疲憊的心靈，這座北歐城市彷彿具有魔力，無論走到何處，都有美不勝收的景致在等待被發現。

　　哥本哈根的街頭，無時無刻不被其氛圍和美感所感染，整座城市如一幅色彩斑斕的水墨畫，處處洋溢著生命的韻律。歷史與現代在此交匯撞擊，卻產生了讓人意想不到的和諧，我深深為之著迷，無時無刻都期盼著再度造訪這些場景。

　　我們在悠閒中搭上地鐵，前往 Nørreport 車站，踏上前往赫爾辛格（Helsingør）的列車。這班火車的寬敞與舒適讓我不禁懷疑是否坐錯了車廂，原來在丹麥，即便普通火車也遠超我的想像。車窗外，廣闊的田野在朝陽下金光熠熠，小木屋點綴其間增添幾分樸實與悠閒。火車呼嘯而過，海天一色的藍幕在眼前徐徐展開。

赫爾辛格的港口映入眼簾，在波光蕩漾的海面上，水母悠然飄浮，絲毫不為水波所干擾。遠方，巍峨的克倫堡城堡立在天際，它的尖塔似要刺穿蒼穹。歷史在斑駁的城牆上沉澱，現代又在五顏六色的遊艇上流淌，一位女士牽著三隻毛茸茸的狗兒在街上悠然漫步，為悠長的午後增添幾許溫馨。

　　跨過港灣，我們終於來到了這座聞名遐邇的皇家城堡所在城市。在陽光下，磚頭呈現出溫潤的色澤，彷彿覆蓋了一層亮粉。站在火車站前向遠眺，克倫堡城堡與湛藍的大海和蒼穹交相輝映，宛如一幅波瀾壯闊的海景油畫。城牆下，一群白鴨悠然划水，為嚴峻的要塞平添幾絲詩情畫意。

　　我們鑽入城堡內一條幽深陰暗的通道，越往裡走越是一片漆黑。在幾乎看不清前路的昏暗中，我不禁聯想起那些為國捐軀的士兵，是否也曾在這條通道中警惕得行走。走到盡頭，一座雄偉的雕像屹立眼前，正是那守護神霍爾格（Holger），他將一直守候在此，直到國家遭遇危險的那一刻，便甦醒為丹麥、為丹麥人民帶來和平。

穿堂而過，我們來到一座莊嚴肅穆的禮拜堂。黑白相間的地板與古樸的木椅交相輝映，氤氳著歷史的韻味。教堂內一片靜謐，唯有幾縷陽光從花窗中灑落，照亮了主祭台上的聖物，泛著金碧輝煌的色澤。

我們又穿行到一條氣勢恢弘的長廊，那曾經踏過無數國王和貴族的足跡，如今迎來了各地的遊客。歷史與當下在此交匯，天光灑落，好似一幅流動的名畫。

在皇家寢宮中，我看到了歷代國王和王后的肖像。他們身著富麗堂皇的禮裝，神情或嚴肅或從容，彷彿仍在注視著自己的國度。一幅巨大的油畫躺在中央走廊，描繪了北歐神話中諸神的故事，色彩鮮艷的圖像猶如開了屏的故事書。走遍克倫堡的每一處角落，都彷彿在時空隧道中跨越，撫觸過去。

在離開前，至紀念品商店門口休息時，我們買了一支價格不菲的冰棒，在酷暑中找到一絲甜蜜慰藉。雖然有些昂貴，但在物價高漲的北歐，如此美味的夏日小吃也就不足為奇。冰凍的甜美在嘴中化開，不知當時建造這座堡壘的石匠們，是否也曾在工作的間隙品嘗過如此美好的涼爽。

因為下午的酷暑和漫長行程，我開玩笑的提議要換回有冷氣的酒店。沒想到爸爸竟爽快的同意了，我一邊算著今晚額外產生的住宿費，一邊暗自後悔問了這一句。「沒關係，舒適方便就好。」其實爸爸是一個節儉的人，但為了旅途的舒適考慮，他竟願意破例一次，這讓我感到相當意外，並且措手不及，只能趕緊在訂房網站上加訂了房間。

出了城堡，我們漫步在鵝卵石鋪就的小路上，赫爾辛格火車站的鐘塔在前方醒目。紅磚的外牆在陽光下呈現出溫潤的光澤，精緻的塔尖被湛藍的天空削得更尖了。這座車站，在這座城市，見證了無數出發與歸來。

就在即將過馬路到車站時，一輛火車忽然沿馬路疾馳而過，全無圍欄。雖離了幾尺，但我依舊被震得連忙退後一步，才發現地面鋪著鐵軌，火車與街道交匯。這種大膽的城市規劃讓我嘆為觀止，人與車能在此自由穿行，這正展現了丹麥人獨特的城市美學，機能與審美完美結合。

火車一去，我們順利的過了馬路。此時此景，一切都是那麼悠然自在，我忽然也好想成為一輛丹麥的火車，能夠毫不猶豫穿梭在大街小巷，體會這座城市獨特的魅力。

坐上返回哥本哈根的火車，寬敞舒適的空間和座椅再次令我驚艷。透過窗戶，青翠的田野在下午的陽光下蒙上一層金粉，行走其間的人們都帶著輕鬆的步伐。正當我靜靜出神時，爸爸拍了拍我的手臂，朝窗外一指。原來火車已進入哥本哈根，熟悉的街景在窗外掠過。我們匆匆提起行囊，走出中央車站，依依不捨。

盡快前往青年旅館，搬回原酒店，並將行李大致放下，我急不可待的下樓逛起心儀已久的斯楚格街（Strøget）。

色彩繽紛的店面燈火通明，一派熱鬧非凡的景象。我首先奔著自己上網查詢到的百年甜點店 Conditori La Glace 而去，一看到整面玻璃櫥窗的蛋糕，我一時無法消化這麼多種選擇。於是我請店員推薦我一款"What do you recommend?"他翻了翻櫃檯放的照片，給我看了一款他覺得好吃的，於是我聽從他的建議買了一塊特色甜點，店員也仔細為我裝好盒。

我迫不及待打開盒子，入目的是一塊鮮奶油與焦糖相間的蛋糕，奶香四溢。第一口下去，清爽滑順的奶油在口中融化，焦糖脆粒在嘴中敲起打擊樂，濃郁香醇的味道瞬間在味蕾盡情綻放。接著是蓬鬆的海綿蛋糕體，鬆軟綿密又 Q 彈可口。我一時忘我，連連讚不絕口。

　　又在隔壁一家臺灣飲料店 Taste of Taiwan 來了杯令我鄉愁的珍珠奶茶，熟悉的香氣瞬間將我帶回到臺灣。純馥奶香與清爽茶香在口中交錯，隨著一顆顆彈牙可愛的黑糖珍珠，為北國之行平添一絲感動。

　　手裡握著冰冰涼涼的奶茶，我與爸爸漫步在斯楚格街上，一邊走一邊聊。我一邊將盒子上沾著的鮮

奶油舔乾淨，一邊和爸爸聊起此行，爸爸靜靜的聽著，時不時頷首稱是。我說：「爸爸，我有時候想了想，我們到底是怎麼來到這麼遠的地方的，又或者說到底是什麼東西帶我們來到這裡。」爸爸笑著說：「以前工作的時候，從沒想過會坐這麼久的飛機。這次我們從格陵蘭、芬蘭、瑞典、挪威，一直到現在的丹麥，還記得我們花了三天四趟飛機才到格陵蘭的 Ilulissat，現在還在北歐玩了一大圈，現在想起來實在是有些難以相信。」

　　我想，也許是老天冥冥之中指示，也許是跟格陵蘭的緣分。不知一生中要珍惜多少機會，要努力奮鬥多少次，才能換來這樣子的過程，心中升起一股激動，也沉默了。人生漫長而短暫，我認為我很幸運能來到這裡，感恩且珍惜。停下腳步，我們相視一笑，一切盡在不言中。

沿著街道漫步，一家名爲 Rajissimo 的西班牙油條店招牌映入眼簾，我急忙拉著父親走了進去。店內琳瑯滿目的冰淇淋、鬆餅，每個口味都散發著誘人芬芳。我們在櫃檯前猶豫良久，最後選擇了一份原味的吉拿棒，帶著滿滿的期待和興奮，沿著小路走向不遠處的國王新廣場（Kongens Nytorv）。

　　國王新廣場是哥本哈根市中心的著名廣場，我們找了一個長椅坐下，一邊享用熱騰騰酥脆的甜點，一邊欣賞廣場上飛舞的鴿群。夏日的陽光透過樹葉灑落，洋溢著慵懶午後的氣息。我咬了一口吉拿棒，完美的味道讓我忍不住發出讚嘆。那一瞬間我似乎領悟到，原來人生中最美好的時光，就是能與摯愛的家人一起享受美食與美景，簡單樸實而幸福。

　　品嚐完美味的點心，我們沿著熱鬧小巷漫步回酒店。路上，爸爸忽然指向一家典型北歐建築風格的小玩具店，白色牆面搭配暖紅色的磚石使它十分顯眼。我好奇走進去，迎面而來是五顏六

色的筆記本和掛在眼前的紙製模型。在店內逛了一個小時，我買了一套可愛的牛頓擺球和一副裝在紙盒裡的人體骨架拼圖，覺得這似乎是記錄探險旅程的最佳紀念品。

回到酒店後，我如饑似渴的欣賞起那兩樣玩具，一邊將它們放進行李廂，一邊和父親討論今天看到的一切，我們度過了美妙的父女時光。晚餐過後，我在日記本上詳細記錄下今天的所見所聞，貼上剛剛在腦海裡撿到的哥本哈根古老的地圖碎片。我在心中暗自發誓，這只是探索這世界的第一步，接下來的我要盡情遨遊，發掘更多未知的驚喜。

最後，我們來到一家名聲遠播的丹麥伴手禮店，為家中的親朋好友挑選伴手禮。我們選了 12 盒藍色鐵罐裝著的丹麥奶酥餅乾，精美的包裝散發著北歐的質感，裡頭是我們在酒店樓下點心區已經嘗過的丹麥招牌甜點，我想讓家人和朋友也嘗嘗這片土地的美味，與我們分享旅程的快樂。

拎著一大包購物袋，我們漫步在斯楚格彎曲蜿蜒的街道上，別的遊客大多只買一兩盒作為紀念，我們卻各種紀念品買了個大包小包，彷彿預告了返台的大陣仗，店家阿姨還熱心為我們介紹各種品牌的餅乾口感及味道。然而，當把 12 個鐵盒一一堆到行李箱時，還真不是一件簡單的事。我和爸爸你一言我一語慎重擺放、反覆檢查，生怕一不小心就壓壞了精緻的包裝，即使餅乾附有保護性外盒，我們仍小心翼翼的用衣物填縫，確保安穩。

好不容易把所有的盒子都穩妥擺置好，我倆都鬆了口氣，互看一眼會心微笑。趁著夕陽的餘暉，我們欣賞了會兒酒店窗外港灣夕照，丹麥國旗在風中飄逸，白天熙來攘往的渡船此刻悄無人跡。

　　我們邊喝著酒店提供的膠囊咖啡，邊回味著這一路的所見所聞。從克里斯欽的自由意志與路上隨處可見的單車文化，到中世紀古城克倫堡歷史沉澱的寧靜祥和，每一段旅程都令人難忘。我和爸爸道盡此行的種種感動與收穫，越講越起勁，直到夜色布滿天際。

　　整理好行裝，我和爸爸相視一笑，都從彼此眼中看到一絲不捨，似乎都還沉浸在美妙旅程的餘韻中。這是我們二人第一次只有彼此作伴的國外之旅，雖然路途遙遠，卻也在宛如異鄉家園的北歐收穫滿滿。

　　明日回國後，我們期待要為家人好好講述這一段難得的父女之旅，透過照片與流暢生動的文字，讓他們也能跟著我們的腳步，領略北歐之美，實踐走遍北歐的夢想。

　　這趟旅程對我而言意義非凡，不僅見識到了古老歷史與現代文明並存的丹麥，也與父親在這異國他鄉建立了新的連結。從今以後，每當我看到藍色的鐵罐或是奶酥餅乾，都會想起我和父親並肩探索，欣賞美景的那些日子。這些盒裝的糕點不是禮物，是難忘旅程的印記，提醒我這段與父親日漸親密的時光，是我一生的寶藏，我深信這趟旅程的所見所聞會成為我豐富人生旅途的寶貴養分。

　　對我來說，這趟旅程的意義遠超過景點與紀念品。與爸爸在異國他鄉的相處，讓我看到他從未示人的一面，也在交心中重新認識自己。我知道他其實很怕冷，卻仍然願意陪我遊覽冰山世

界，我以爲他不喜歡甜食，他卻笑著和我一塊吃掉了所有奶酥餅乾。這是我們之前從未有過的長時間獨處，原來他的世界這麼有趣，我的喜好他這麼了解。

　　感謝陪我走過這一段的您，也希望我們的故事能啟發更多人珍惜與家人相處的每個彎路與風景。當你老去當我長大，回想這段旅程，我們會同樣感慨與欣喜吧。無論身在何方，我都會牢牢記住那溫暖的手，還有我們一同欣賞美景時，那眼中溫柔的笑意。

回家

　　當我踏入哥本哈根中央車站，我知道這是我本次旅行的最後一天，心中充滿了對旅途的懷念、對未知的期待。我的腳步輕快的通過人群，穿過頭上那訴說故事的每一面國旗，找到正確的月台，再度跟著列車的節奏前往機場。

　　在機場的報到處，即使只是簡單重複的步驟，也印證了我正踏上歸途的事實。我看到代表不同航空公司的標誌，自己何德有幸生存在這個可以自由飛翔的時代。那些奔赴各自目的地的旅客，個個都有著自己的劇本，就像我一樣，背負對家鄉的思念，以及對探索未知的無限渴望。

　　當我坐上飛機，目送地勤人員在機外忙碌……嗯，是時候回家了。隨著機長的廣播，我繫上安全帶，調整好椅背，空橋則慢慢收起，而我們移向跑道。

　　當飛機翱翔天際，我凝視著窗外層層疊疊的雲海和逐漸消逝的大地，滿心感慨，我積累了無數永生難忘的回憶，學會了異國文化，體驗了截然不同的生活方式，並在旅途中發現了內心深處的另一個自己。

　　在這段旅途中，我最大的領悟是，旅行的意義不僅僅在於目的地本身，更重要的是過程。等待的時光，中轉的機場，每一次偶遇陌生人，都是生命不可或缺的一部分，這都在悄悄塑造著我們。我學會了放慢腳步，學會了細細品味，學會了在迷茫中找到自己。無論身在何方，家，從未消逝，永遠存在我心中，也長駐天邊那條細微的分界線上。旅行讓我明白，每一次告別都是一次

開始。

　　回到家中，我開始深入思考，努力以最美好的方式記錄下這刻內心湧現的種種感受和所見所聞。正如名言所言：「旅行的意義不僅在於探索這廣袤的世界，更在於探索自我內在的廣闊。」這趟旅程，不僅是對外在世界的探索，更是對我內心深處的尋找，尋找那真實的自己。

　　每個所見所聞，每個微小的細節，都牽動著我內心最敏感脆弱的那根琴弦，逼使我重新審視人生的意義和價值。因此，我將這些珍貴絕倫的體驗小心翼翼的記錄下來，讓它們成為我人生中最光輝奪目的寶藏，是對自己此刻真實所感，最真摯的呈現。

　　化作墨水，細細勾勒出那些在風中翩翩起舞的回憶。我深知，這段旅途將在我脈搏的每一次跳動中迴盪，永遠烙印在我的生命歷程裡，成為我人生中最瑰麗動人的一頁。

國家圖書館出版品預行編目資料

23 歲的夏天 北歐·格陵蘭／楊捷著. -初版.-臺
中市：白象文化事業有限公司，2024.06
　　面；　公分
ISBN 978-626-364-324-6（平裝）

1.CST: 旅遊 2.CST: 北歐
747.09　　　　　　　　　　　113004359

23歲的夏天 北歐·格陵蘭

作　　　者　楊捷
攝　　　影　楊捷
發 行 人　張輝潭
出版發行　白象文化事業有限公司
　　　　　412台中市大里區科技路1號8樓之2（台中軟體園區）
　　　　　出版專線：（04）2496-5995　　傳眞：（04）2496-9901
　　　　　401台中市東區和平街228巷44號（經銷部）
　　　　　購書專線：（04）2220-8589　　傳眞：（04）2220-8505
出版編印　林榮威、陳逸儒、黃麗穎、水邊、陳媁婷、李婕、林金郎
設計創意　張禮南、何佳諠
經紀企劃　張輝潭、徐錦淳、林尉儒
經銷推廣　李莉吟、莊博亞、劉育姍、林政泓
行銷宣傳　黃姿虹、沈若瑜
營運管理　曾千熏、羅禎琳
印　　　刷　百通科技股份有限公司
初版一刷　2024 年 06 月
初版二刷　2024 年 07 月
定　　　價　300 元